体育学术研究文丛

美国大学篮球经典进攻战术体系

徐校飞 著

北京体育大学出版社

策划编辑：钱春华　赵红霞
责任编辑：钱春华　赵红霞
责任校对：李志诚
版式设计：闫　婷　李　鹤

图书在版编目（CIP）数据

美国大学篮球经典进攻战术体系 / 徐校飞著. —— 北
京：北京体育大学出版社, 2024.1（2024.7重印）
ISBN 978-7-5644-3947-7

Ⅰ.①美… Ⅱ.①徐… Ⅲ.①大学生 – 篮球运动 – 进
攻(运动技术) – 研究 – 美国 Ⅳ.①G841.19

中国国家版本馆CIP数据核字(2023)第214627号

美国大学篮球经典进攻战术体系
MEIGUO DAXUE LANQIU JINGDIAN JINGONG ZHANSHU TIXI

徐校飞　著

出版发行：北京体育大学出版社
地　　址：北京市海淀区农大南路1号院2号楼2层办公B-212
邮　　编：100084
网　　址：http://cbs.bsu.edu.cn
发 行 部：010-62989320
邮 购 部：北京体育大学出版社读者服务部 010-62989432
印　　刷：三河市龙大印装有限公司
开　　本：710mm×1000mm　　1/16
成品尺寸：170mm×240mm
印　　张：10
字　　数：186千字
版　　次：2024年1月第1版
印　　次：2024年7月第2次印刷
定　　价：50.00元

（本书如有印装质量问题，请与出版社联系调换）

序

在《美国大学篮球经典进攻战术体系》一书再版前，徐校飞来找我，想请我为她的第一本专著写一个序，我欣然允诺。

这本书是在徐校飞博士学位论文基础上撰写的。她这篇博士论文的选题过程和我还有一点渊源。记得当时老师们对这个论文的选题有着不同意见，担心她完成不了，或者写不出深度等。止在她反复权衡犹豫之际，我给予她明确的支持，促使她下决心研究这一选题。

我为什么赞成她的这个选题呢？是基于我对中国篮球技战术科研领域现状的认识。在担任国家体育总局篮球运动管理中心主任期间，我深知我国篮球界对于现代篮球技战术的研究、设计与应用方面与欧美国家存在着较大的差异，这影响我们对现代篮球技战术发展的理解，也是造成我国篮球运动技战术水平长期徘徊落后的一个重要原因。

应该承认，我们与美国篮球技战术研究存在着较大的差距。这个差距集中表现在两个方面：一是我国一线教练员对于篮球技战术的研究不仅数量少，而且质量不高，大都是局部的、零散的总结，缺乏系统的研究；二是在我国篮球发展的历史长河中，有不少优秀教练员在执教过程中创造过许多先进的打法，但没有很好地总结、提炼和传承。原因是，长期以来，我国一线的篮球教练员文化程度较低，英语水平较差，其总结研究和学习借鉴的能力受到制约。从大环境来讲，我国专业篮球领域科研的氛围不浓，具有丰富执教经验的教练员缺乏科研的意愿和能力，而具备科研能力的高校教师和研究生又鲜有长期执教的经历，存在理论与实践脱节的"两张皮"现象。

因此，需要有人来弥合这一差距，而最能完成这个重任的人选，应该是有过专业篮球的经历，接受过本科及研究生教育，能够熟练掌握英语，以篮球专业技战术为研究方向的硕士研究生和博士研究生。显然，徐校飞具备了上述条件，而更为有利的是，她在考取博士研究生的第二年，就幸运地获得了国家留学基金管理委员会资助博士联合培养项目，赴美担任杨百翰大学夏威夷分校男篮助理教练，师从肯·瓦格纳教授，参加了 NCAA 2013—2014 赛季的比赛。所以，她能够就美国大学篮球经典进攻战术体系这一具有挑战性选题进行深入研究，并取得富有价值的科研成果。

徐校飞的《美国大学篮球经典进攻战术体系》一书以四种美国大学篮球经典进攻战术体系为研究对象，系统地阐述了美国篮球经典进攻战术体系形成的必然性，剖析了美国大学篮球经典进攻战术体系的构成要素（教练员的战术理念、战术原则、阵容配备、战术方法及变化）。本书不但提供了构建篮球进攻战术体系的理论框架，而且从战术打法的技战术运用上总结归纳了四种美国大学篮球经典进攻战术体系的异同，为我国一线篮球教练员形成进攻战术体系整体观念，理解构建个性化进攻战术体系条件，提高战术创新能力，提供了视角和可资借鉴的战术训练方法。

更加可贵的是，她在本书中还介绍了美国久负盛名的篮球教练员约翰·伍登、皮特·卡里尔、鲍勃·奈特等人的篮球战术理念、执教的风格特点，以及个性化的战术设计与安排。在她的书中，我们还可以一窥美国大学篮球运动的发展历史和多元化战术体系发生发展的社会、文化背景，这在一定程度上诠释了中美两国对于篮球技战术认识的差异及其根源。这样的研究视角与方法可以给年轻的学者以独特的启示。

我相信，无论是篮球从业者还是篮球爱好者，都可以从本书中获得篮球知识和启迪，也会给我国年轻的教练员和从事篮球教学科研的高校教师提供良好的借鉴。希望中国篮球界也能够不断总结提炼出一些来源于实践的篮球技战术的创新成果，为推动我国篮球技战术研究，提高我国篮球运动技战术水平做出贡献。

李元伟

2023 年 11 月 28 日

符号说明

～～～～→	运球移动
——————→	无球移动
------→	传球路线
～～～～⊢	掩护路线
①	1号持球队员
1	1号无球队员
×1	1号防守队员
┼┼	手递手掩护

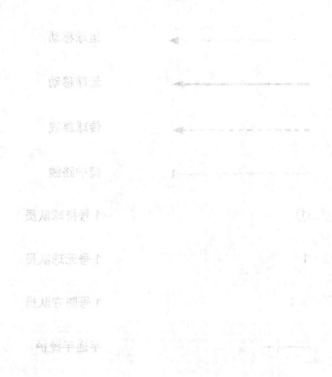

目　录

1 概 述

　　篮球运动从诞生那天起就表现出无穷魅力，20世纪三四十年代，篮球运动向世界五大洲传播，逐渐被各国年轻人喜爱，至20世纪五六十年代，篮球运动已在全球近百个国家和地区普及。在短短的100多年历程中，能像今天的篮球这样风靡全世界，令人叹为观止、眼花缭乱的项目并不多见。

　　篮球运动的发展离不开攻守战术的不断变化和发展。有人认为："因为没实力才要战术。"尤其是比赛失利时，一句"实力不够"就轻描淡写地过去了。更有甚者说："看看NBA，人家都不打战术，就是单干。"[1] 其实，在美国，无论是职业的还是业余的篮球运动员，除了具有扎实的基本功，还具有较高的战术素养。个人扎实的攻防基本技术和意识是球队攻防战术体系的基石。美国职业联赛的球员具有较高的战术素养，能够在赛场上以最简单的进攻方式将球投进篮筐。

　　篮球进攻战术随着篮球比赛的产生而产生，从无到有，由简单到复杂，由局部到整体，由单一的战术打法逐步演化成为完整的战术体系。随着篮球比赛规则的演变、竞赛制度的改革、运动员体能的提高，篮球进攻战术体系不断完善。在一个多世纪的发展历程中，美国篮球历史上出现了一系列非常经典的、人们耳熟能详的进攻战术体系：UCLA（加利福尼亚大学洛杉矶分校）进攻战术体系、普林斯顿进攻战术体系、三角进攻战术体系、移动进攻战术体系、跑轰进攻战术体系、换位进攻战术体系、传球进攻战术体系等。这些被人们熟知的进攻战术体系都源自NCAA[2]。每一种进攻战术体系的形成和普及都蕴含了大学教练们的创新、智慧和勇气，是篮球运动发展的不竭动力源泉。

---

[1] 引自虎扑篮球网站（http://bbs.hupu.com/10532601.html）。虎扑篮球建于2003年，开始只是小范围的球迷互动网络平台，2004年开始小有名气，开始吸引各个阶层的篮球人士，目前已成为国内最具影响力的篮球网站。
[2] NCAA，即美国大学体育联合会（National Collegiate Athletic Association），NCAA分3级联盟，分别为一级联盟、二级联盟和三级联盟，本书中特指美国大学生男子篮球联赛。

篮球运动传入我国后，我国竞技篮球领域也出现了很多高水平的优秀教练，如 2015 年重新将新一届男篮带到亚洲冠军奖台的宫鲁鸣教练，以及蒋兴权、王非、孙凤武等。但可惜的是，这些一线教练接受的文化教育较少，他们不善梳理自己的执教经历与经验，所做的一些总结归纳只停留在师傅教徒弟的范围，不能够广泛地传播。

经过多年的不懈探索和创新，美国篮球无论是在理论方面还是实践方面都走在了世界的前端。引进美国的篮球专业书籍是提高我国篮球教练理论水平的重要途径，但是目前国内篮球教练的英语水平普遍偏低，由于语言的限制，他们很难直接阅读美国高水平教练所著的书籍，而翻译的书籍一般都集中在篮球战术发动、跑位、方法等方面，翻译人员一般都不具备较丰富的实战经验，在翻译的过程中也会丢失一些重要的理念或信息。

近年来，国家体育总局篮球运动管理中心也采取了"请进来、走出去"的方式，试图通过邀请国外知名篮球教练来华讲学，或派出较有发展潜力的年轻篮球教练出国短期深造，来提高教练的执教水平。短期的课程学习，仅仅单一地学习欧美篮球强国的训练方法和手段，并不能从本质上提高我国篮球教练的进攻战术水平，必须让我国篮球教练从理论上对进攻战术体系的构成要素、特点、形成机理有一定的理解，改变那种"知其然，并不知其所以然"的局面，才能够结合我国篮球运动的实际情况，提出适合我国自身特点的篮球进攻战术体系。

针对上述情况，本书拟以美国大学篮球经典进攻战术体系（UCLA 进攻战术体系、普林斯顿进攻战术体系、三角进攻战术体系和移动进攻战术体系）为案例，结合作者 5 年全国女篮甲级联赛的比赛经历和 9 年大学篮球执教的经验，以及作者作为杨百翰大学夏威夷分校男篮助理教练参与 NCAA 一年中对美国篮球进行的实地考察，来探讨为什么美国能形成经典的进攻战术体系，它们的构成要素是什么，进攻战术体系之间行为表现的异同，以及我国的进攻战术体系与美国的差异是什么。通过对 4 种美国大学篮球经典进攻战术体系构成要素的剖析以及对这些问题的回答，正确理解 4 种美国大学篮球经典进攻战术体系的内涵，力图为我国一线篮球教练形成进攻战术体系整体观念，清楚构建个性化进攻战术体系的条件提供理论依据，进而为我国竞技篮球形成个性化进攻战术体系提供蓝图，提高我国篮球竞技水平。

目前，我们对美国篮球的关注，多着眼于其发达的职业篮球和大学篮球活跃的体育经济、制度，大多停留在对 NBA、NCAA 等联盟运行模式的了解和研究层面。然而，通过这些表面现象和显见要素的研究，很难探索美国篮球高水平的核心机制。篮球比赛本身的对抗性、趣味性和空间与时间的攻防对弈，是美国篮球进攻战术体系得以繁荣发展的根本原因。本书对 4 种美国大学篮球经典进攻战术体系的内在机理进行剖析，丰富了我国篮球理论知识体系。

理论意义：通过对 4 种美国大学篮球经典进攻战术体系的剖析，更好地认识和理解美国篮球进攻战术体系理论，从而丰富我国篮球理论知识，提升我国篮球进攻战术理念。

实践意义：吸收美国大学篮球经典进攻战术体系的精华，并引以为鉴，提高我国篮球教练在现代篮球比赛中创建进攻战术体系的能力。

2 国内外对篮球进攻战术体系的认识

2.1 中美关于进攻战术体系研究的现状与评述

近年来，我国学者提出了"进攻战术体系（系统）"这个概念，并对其进行了一些理论剖析和整理，集中为 4 类论述。

第一，杨桦在《现代篮球战术》一书中提出，篮球战术体系分为进攻战术系统和防守战术系统，其中进攻战术系统分为快攻、衔接段进攻、阵地进攻 3 种类型。进攻的各种战术类型都包含了进攻个人战术行动和进攻基础配合。[1]张勇在其博士论文《现代篮球战术体系的系统研究》中提出，根据比赛中球队与球权的关系来划分，篮球战术分为进攻战术、争抢球战术和防守战术。进攻战术根据一个完整 24 秒周期特点可分为快攻、推进战术、衔接段进攻、阵地进攻。[2]薛岚在《篮球进攻的阶段性及其技战术特征》一文中提出，篮球比赛有多种进攻战术方法，但均可归于快攻、抢攻和阵地进攻。快攻、抢攻和阵地进攻是具有阶段性特征的 3 种进攻战术类型。这 3 种进攻战术类型不仅表现出时间上的顺序性，还表现出顺序的不可逆性，即战术的运用严格按照快攻、抢攻、阵地进攻的顺序进行。[3]这一类论述主要是按进攻发生的时间顺序来阐释进攻战术体系的。

第二，王守恒在《篮球进攻技战术概念诠释》一文中提出，进攻战术体系由个人进攻行动、基础进攻配合、快攻、衔接段进攻、阵地进攻、进攻区域联防、进攻人盯人防守和进攻紧逼防守构成[4]。胡英清在《面向现代篮球战术发展构造篮球进攻战术体系》中提出，篮球进攻战术体系是在篮球比赛中由完整的、统一

[1] 杨桦.现代篮球战术[M].北京：北京体育大学出版社，2012：21.

[2] 张勇.现代篮球战术体系的系统研究[D].北京：北京体育大学，2005:5.

[3] 薛岚，虞重干.篮球进攻的阶段性及其技战术特征[J].武汉体育学院学报，1999（5）：43-45.

[4] 王守恒，朱浩，齐宁.篮球进攻技战术概念诠释[J].首都体育学院学报，2008（1）：5-9，24.

的、全面的多种战术形式组成的整体，是由快攻、抢攻、固定配合进攻和机动配合进攻4种战术形式组成的 [1]。这一类论述主要是按进攻的方式方法来阐释进攻战术体系的。

第三，郑尚武在《现代篮球进攻战术理论体系的构建》一文中提出，传统的篮球理论总是把篮球进攻战术分为"个人进攻战术行动""进攻战术基础配合""进攻人盯人防守""快攻""进攻混合防守""进攻区域联防防守""进攻区域紧逼防守"7大类形式。这样的定名和分类把本应属于组织成各类进攻战术的"基础层面"的相关内容当成具有特定表现特征的某类战术形式，将两者混为一谈。郑尚武在《论篮球进攻战术系统的若干理论问题》一文中提出，篮球进攻战术体系是由包含"个人进攻战术行动"和"进攻战术基础配合"的基础层面内容与包含"快攻""强攻""固定配合进攻""机动配合进攻"等具有特定表现特征的战术形式构成 [2]。确实，个人进攻与基础配合是所有篮球进攻战术的基础，无论是快攻、衔接段进攻还是阵地进攻，都离不开这个基础。郑尚武对其原有的分类方法进行了批判和否定，提出了新的观点。研究从基础层面和战术形式对篮球进攻战术体系进行了剖析。

第四，薛岚在《论篮球战术系统》一文中提出，对战术系统研究的主要意义在于认识和发挥单个战术简单叠加所不具备的整体功能。文章对篮球攻守战术的内涵和外延进行了严密的逻辑分析，并推导出按双方对抗的主要矛盾划分，篮球战术可分为进攻战术和防守战术；按攻守的时间顺序划分，可分为快攻与防守快攻、抢攻与防守抢攻、阵地进攻与防守阵地进攻；按攻守的主导因素划分，可分为进攻人盯人和人盯人防守、进攻区域联防和区域防守、进攻综合防守和综合防守、混合防守和进攻混合防守；按战术的行为主体划分，可分为个人攻、守战术行动和攻、守基础配合。通过这4个划分标准来分类篮球战术，并认为战术系统的功能是通过系统的结构表现出来的。[3] 这一类论述归类了进攻战术体系在不同的分类方法之下的构成。

[1]　胡英清. 面向现代篮球战术发展构造篮球进攻战术体系[J]. 体育科技，2000（3）：19-22.
[2]　郑尚武. 论篮球进攻战术系统的若干理论问题[J]. 北京体育大学学报，2003（2）：282-284.
[3]　薛岚. 论篮球战术系统[J]. 中国体育科技，2001（12）：16-18.

从这些对进攻战术体系的归纳阐述中，可以看出我国学者对篮球进攻战术体系的研究主要根据进攻战术发生的时间顺序、构成进攻战术的基础配合方法和形式、进攻不同类型防守阵型等的理论分类进行。这些研究主要运用机械论[1]的研究方法对篮球进攻战术进行分类梳理，对进攻战术体系的研究没有结合实战的需求，即球队构建个性化进攻战术体系的需求，忽略了将参与战术体系的人作为研究对象，缺乏整体论的视角。

美国篮球界对进攻战术体系没有明确的定义，但是很多教练都提出了自己的进攻战术体系。他们对进攻战术体系的阐释与国内截然不同。

约翰·伍登的 *Modern Basketball* 一书，第 1 章首先阐述了自己的执教哲学，第 2 章介绍了作为球队的主教练、助理教练需要考虑到的方方面面，随后通过 5 个章节介绍了攻守的个人技术和战术。他在 *UCLA Offense* 一书的前言中提出，好的进攻战术体系训练应该包含以下 4 个方面的训练：良好的体能和精神状态、正确的技战术指导、团队精神和灵活性。在介绍 UCLA 进攻战术体系时，约翰·伍登首先介绍了他的战术体系所必须遵循的 10 条原则。这 10 条原则自始至终贯穿整本书介绍的进攻战术方法中。

鲍勃·哈金斯在 *Coaching Fast Break and Secondary Offense* 一书的开篇中就提出了"为什么要打快攻"，用了 10 个理由来阐述快攻战术的目的和原则。其后用了 7 个章节来介绍快攻的战术方法和训练方法。

杰瑞克·劳斯和拉夫·皮母所著的 *Coaching Basketball* 一书，第 1 章介绍了篮球运动的背景历史、美国篮球组织等，阐述了篮球教练的执教基础；第 2 章介绍 17 位美国著名篮球教练的执教哲学，强调了篮球教练构建自己的执教哲学的重要性；第 3~6 章，从训练计划的制订，篮球训练生理学、心理学科学，球探分析和招募球员等角度阐述了如何执教；第 7 ~ 22 章，从篮板球、接球、控球等基本技术开始对攻防技战术进行了详细的阐述。

由乔治欧·甘多尔菲担任主编、由 NBA 美国篮球教练协会组织编写的 *NBA Coach Playbook–techniques, Tactics, and Teaching Points* 一书中，关于团队进攻战

---

[1]　机械论：一种在近代科学发展中有着高度影响的自然哲学，把整体看作机械的总和。对进攻战术体系的研究忽略了人的因素。

术的章节列举了攻击性进攻战术体系、三角进攻战术体系、普林斯顿进攻战术体系和灵活进攻战术体系，都从教练的战术理念开始，简要地介绍了各个进攻战术体系的战术思想、战术原则、战术方法及选择，包括快攻、进攻人盯人防守、进攻联防的战术方法。

三角进攻战术体系的泰克斯·温特教练在 *The Triple-post Offense* 一书中介绍了 7 条体现教练战术理念的战术原则，然后围绕这些战术原则，从脚步、传球、运球等基础训练来介绍战术基本落位、发动选择、最基础的建立边路三角进攻的方法以及各种机会选择；又用 3 个部分分别介绍了用三角进攻战术体系发动快攻、进攻联防防守和进攻全场紧逼防守。

移动进攻战术体系的鼻祖级教练迪恩·史密斯[1]和鲍勃·斯皮尔在 *Basketball Mutiple Offense and Defense* 一书的篮球进攻章节中，介绍了迪恩·史密斯教练的球队进攻哲学及传球进攻体系的进攻方法，包括战术基本落位、发动方法、基础战术方法和快攻、进攻联防、进攻全场紧逼。书中还介绍了鲍勃·斯皮尔教练的换位进攻，阐述了球队的进攻哲学，介绍了换位进攻战术体系应对人盯人防守的基本方法和进攻联防的方法。

美国篮球运动网站的合伙创始人乔·海夫纳在 *How to Score More Points by Understanding the Theory and Philosophy Behind Offense* 一文中写道：我们需要给所有运动员一个有组织的共同目标，即使最自由的移动进攻也需要灌输理念和目标，这样运动员才能够清楚地明白他们要去尝试完成什么样的任务[2]。

从美国的篮球书籍中可以看出，他们在对进攻战术体系进行理论总结时，首先提出的是进攻战术理念和原则，其次是具有个性化的战术设计和安排。

综上所述，我国篮球理论界与美国对篮球进攻战术体系的阐述存在一定的差异。我国篮球理论界对于进攻战术体系的研究主要集中在分类和梳理方面，在纯理论的基础上围绕着分类这一主题不断地机械构建、重构进攻战术体系，忽略了

---

[1] 迪恩·史密斯：美国知名大学篮球教练，在他36年执教生涯中，创造了879场胜利，并以77.6%的胜率在NCAA 一级联赛中排名第9，率领北卡共摘得2届NCAA冠军，11次闯入四强，被美国篮球名人堂称为"传奇教练"。

[2] 引自Break Through Basketball网站（http://www.breakthroughbasketball.com/offensive Theory.html）。此网站为互联网上的篮球资源网站，网站中包含大量的与篮球训练、学习相关的资源。

人在进攻战术体系中的存在。美国篮球进攻战术体系基本上都由一线教练在实战中不断地总结、概括，并通过比赛实践的检验，以球队胜利为目标而进行的一系列进攻战术体系理论与实践的创新，一线教练重视战术理念的个性化。

2.2 国内对美国经典进攻战术研究的现状与评述

这些美国的进攻战术体系被我国很多篮球爱好者津津乐道，不过这些篮球爱好者对其存在一些误解。例如，在百度百科中写着：三角进攻战术体系和普林斯顿进攻战术体系都来源于移动进攻战术体系。根据美国的文献资料，移动进攻战术体系的创始人鲍勃·奈特教练是在观察了普林斯顿大学的比赛录像后，认真研究了迪恩·史密斯的传球进攻战术，随后他参加了 1972 年的慕尼黑奥运会，学习到了更多的进攻方式方法。当他觉得收集学习到了足够的信息后，他邀请皮特·纽维尔[1]教练一起讨论如何进一步发展移动进攻战术体系。因此，三角进攻战术体系和普林斯顿进攻战术体系都不可能来源于移动进攻战术体系，相比较而言，移动进攻战术体系是最后成形并取得成绩的。中央电视台体育频道著名解说员杨毅在微博中写道：三角进攻战术体系和普林斯顿进攻战术体系都是 UCLA 进攻战术体系的分支。三角进攻战术体系的创始人泰克斯·温特 1947 年加盟南卡罗来纳大学男篮，在萨姆·巴里麾下学会了三角进攻战术，并加以整理形成体系。三角进攻战术体系和 UCLA 进攻战术体系都是在 20 世纪 50 年代前后形成的，有互相借鉴的元素，但不应该是继承或者分支的关系。百度百科和中央电视台体育频道解说员所介绍的内容在国内篮球界有比较大的舆论导向作用，因此可以看出，我国部分篮球爱好者对这些美国的进攻战术体系的创始背景是有一些误解的。

曹东的博士论文《NBA 经典进攻模式研究——以圣安东尼奥马刺队为个案》研究了美国职业篮球联赛圣安东尼马刺队的进攻模式，文中定义了"篮球进攻模

---

[1] 皮特·纽维尔，美国篮球名人堂教练，曾执教旧金山大学男篮、密歇根州立大学男篮和加州大学男篮。20 世纪 50 年代以他的反转动作进攻战术体系闻名，1960 年率领美国队获得罗马奥运会冠军。

式是一个完整的进攻系统，它由 3 个部分组成：（1）球队上场队员，他们是篮球进攻模式的要素；（2）篮球进攻模式的阵容结构，它规定了篮球进攻模式要素的空间位置关系，它以一种秩序规定了篮球进攻模式要素的有机联系方式，它是篮球进攻模式的基础；（3）适应这种基础以及被这种基础选择的进攻方式"[1]。

2011 年出版的曹东等编著的《NBA 经典进攻战术解析》一书，通过 NBA 的比赛对双塔进攻战术、跑轰进攻战术、三角进攻战术和普林斯顿进攻战术进行了战例分析。战例分析的优点在于人们能够直观地看到某一个战术方法的具体执行方法和效果，但战例的展示无法体现战术体系的整体性。

阮永福等在《现代篮球"跑轰"战术特征及应用的研究》中对跑轰进攻战术进行了剖析，归纳了跑轰进攻战术的主要特征：快速的攻防转换、球队投篮出手次数增多、外线投篮增多、进攻战术简单化、高得分和高失分，并指出了跑轰进攻战术所适用的对象及采用这种打法时所必须具备的条件，同时也阐述了采用跑轰进攻战术所能取得的效益和所必须承担的压力[2]。他的研究所归纳总结的特征比较宏观，主要停留在理论层面，对教练如何构建跑轰进攻战术体系的可操作性层面论述还稍欠缺一些。

2013 年王芳冰的硕士论文《NBA 三角进攻模式研究》、谭小明的硕士论文《NBA "炮轰"进攻战术模式研究》、郑广荣的硕士论文《NBA 普林斯顿进攻战术模式的研究》等，试图以个案分析的形式解析三角进攻战术模式、跑轰进攻战术模式和普林斯顿进攻战术模式，是迄今为止较为深入的对美国大学篮球经典进攻战术解析的学术材料。但是从文中明显可以看出，由于资料获得途径的限制，这些研究没有能够将各进攻战术体系的构成部分有机结合起来，没有分析各进攻战术体系的内在联系，没有真正解释各进攻战术体系创建的内在要素。

由此可见，国内对美国进攻战术体系的相关研究不多，但国人对美国篮球进攻战术体系的关注度很高。在少数的理论研究中存在着理解上多限于表面、缺少深层次研究等问题。张勇的博士论文中提到，我国篮球界在学习国外先进篮球理

---

[1] 曹东. NBA经典进攻模式研究——以圣安东尼奥马刺队为个案[D]. 北京：北京体育大学，2007:25.

[2] 阮永福，郭永波，李强. 现代篮球"跑轰"战术特征及应用的研究[J]. 西安体育学院学报，2011，28（6）：729-734.

念时，只注重对其篮球战术的形式、方法的学习，要求拿来就能用，而不注重对战术的本质等的学习，对其实质的深层次学习不够。对战术的研究也是只注重现象的研究，而对其整体的把握和研究不多[1]。因此，本书运用复杂系统整体论和机械还原论的双重视角，对美国大学篮球经典进攻战术体系进行深层次的分析和研究。

2.3　相关概念的界定

2.3.1　经典进攻战术体系

"经典"在《新华字典》中的释义是传统的具有权威性的著作。本书认为篮球经典进攻战术体系就是指在历史上获得过巨大成就的、广为人知的、经久不衰的进攻战术体系。

经典进攻战术体系是客观存在的，但是否成为经典是有显著的标准的。通过对美国 NCAA 二级联盟的 13 名男篮主教练进行问卷调查，他们认为战术体系的有效性、传承的广泛性是成为经典进攻战术体系的主要评判标准。

通过研究发现，美国的教练根据自己的哲学理念构建的个性化进攻战术体系都有名字，以此来区别于其他人的进攻战术体系，体现了美国的个人主义哲学思想。战术体系的命名，作为一种社会现象与美国的文化素养及其社会根源有着密切的联系。美国人在命名事物时都遵循一定的命名约定，主要有 3 条：第一条，根据事物最有用的信息推导出名字；第二条，体现与事物的联系，最典型的是以人名来命名事物；第三条，确保名字在同一范围内的独一无二性[2]。

约翰·伍登教练在执教加利福尼亚大学洛杉矶分校男篮时运用了高位进攻战术体系，创下了 NCAA 历史上无法超越的战绩，最终人们以大学的名字来命名此

---

[1] 张勇. 现代篮球战术体系的系统研究[D]. 北京: 北京体育大学，2005: 5.
[2] 引自维基百科（https://en. wikipedia. org/wiki/Naming_convention）。维基百科成立于2001年1月，是一个基于维基技术的多语言百科全书协作计划，是用多种语言编写的网络百科全书。

进攻战术体系——UCLA 进攻战术体系。皮特·卡里尔教练执教普林斯顿大学篮球队时运用的进攻战术体系行之有效，取得了 514 胜、261 负（65.8% 的胜率）的成绩，最终人们以大学的名字命名了此进攻战术体系——普林斯顿进攻战术体系。大学对于美国人来说是一个神奇的地方，"母校"一词在美国泛指大学。美国是个移民国家，没有家族的束缚，没有血缘的联系，在大学美国人度过了人生最美好的时光，也找到了他们所期盼的归属感。美国的校际体育比赛的历史非常久远，每到比赛日，学生们会穿着统一颜色的学校标准 T 恤或者套头衫去赛场为母校队伍呐喊助威，某场经典的胜利往往会成为日后校友在社交场合见面最津津乐道和自豪的话题。以大学的名字来命名成功的进攻战术体系体现了其与大学的联系，遵循了命名约定的第二条。篮球比赛的胜利是学校的荣誉，也体现了美国人对大学的忠诚。

泰克斯·温特执教堪萨斯州立大学时使用三角进攻战术体系，8 次打入 NCAA8 强赛。1985 年他加入芝加哥公牛队，3 年后与菲尔·杰克逊合作，率领公牛队获得了 6 次 NBA 总冠军，而后又跟随菲尔·杰克逊入主湖人队，获得了 5 次 NBA 总冠军。鲍勃·奈特教练在执教的 40 多年中，运用移动进攻战术体系赢得了 902 场胜利。如今，美国各个不同水平的篮球队，包括高中、大学、职业队都在不同程度地运用移动进攻战术体系。不断构建三角、不停地移动进攻是三角进攻战术体系和移动进攻战术体系最为显著的特点，在名字中体现了这两种进攻战术体系的重要信息。这两种进攻战术体系的命名遵循了命名约定的第一条。

上述美国大学篮球经典进攻战术体系各有特点，命名上也都遵循了第三条命名约定。根据 UCLA 进攻战术体系、三角进攻战术体系、普林斯顿进攻战术体系和移动进攻战术体系所取得的历史成绩及广泛的传承性，笔者认为它们是经过历史选择的篮球经典进攻战术体系，也是本书选取它们作为案例分析的重要根据。

2.3.2 "体系型"教练与"灵活型"教练

在美国，有的教练每年都运用同一套固定的进攻战术体系，这样的教练被称为"体系型"教练。这种类型的教练会根据每年不同队员的特点在其"体系"内进行战术调整，以达到效益最大化。另外一些教练每年会选择不同的战术体系来满足队员的需要，最大程度地发挥每个队员的优势，这些教练被称为"灵活型"教练。

　　"体系型"教练和"灵活型"教练没有好坏之分，谁也不能保证哪种类型的教练能获得更多的胜利，他们都存在一定的优劣势（表1）。每个教练要根据自己的个人能力和特点来确定自己的战术理念。

表1　"体系型"教练与"灵活型"教练的优劣势

类别	"体系型"教练	"灵活型"教练
优势	老队员对战术体系的理解和执行更好，每年只需要对一些刚入队的新队员教授战术体系。教练随着比赛经验的积累，能够更好地根据队员的能力和比赛的需要来构建和调整战术体系	每年的球队战术都是根据队员的特点量身定制的，因此每个队员都有属于自己的角色、可以发挥他们的最大潜力。对手球队很难做球队Scouting[1]
劣势	不适合战术体系的队员，会埋没他们的天赋。或者说由于不适合战术体系要放弃有天赋的运动员	由于每年的战术系统都在变，教练很难从队员和比赛中积累经验，并且老队员不具有经验优势，全队每年都需要学习新的战术
代表人物	约翰·伍登、皮特·卡里尔、泰克斯·温特、鲍勃·奈特、菲尔·杰克逊	福格·艾伦、弗兰克·麦圭尔

　　美国篮球历史上出现了多位著名的"体系型"教练，他们各自的进攻战术体系都获得了巨大的成就并广为人知。其中著名教练约翰·伍登被誉为"根据队员能力调整战术的专家"。他的进攻战术体系获得了非常多的荣誉，也最终以他所执教的大学名字而闻名——UCLA进攻战术体系，成为现在很多教练都在学习的经典战术体系。约翰·伍登的UCLA进攻战术体系在"天钩"贾巴尔的时代主要是以2-2-1落位发动战术的。当贾巴尔毕业以后，为了适应柯蒂斯·罗维和西德

---

[1] Scouting一词可以作为名词也可以作为动词，其释义为：搜索活动（名词）；侦查，寻找，物色（动词）。作为篮球领域的专业名词，与篮球运动相伴发展，它所包含的内容非常丰富。在美国的大学及职业球队都配备负责Scouting的专职教练，有的高中也有专职的或者兼职的教练。还有很多专门做Scouting的公司、组织及个人，目的在于发掘新人，为高一级球队输送人才。在专家访谈中对Scouting一词也进行了探讨，我国目前一般用"球探""科研教练"来称呼做Scouting的人群，这不太切切，笔者认为目前没有一个较为准确的中文词汇可以涵盖英文Scouting一词在篮球运动中的所有内容，所以本书将不对其进行翻译。

尼·威克斯，约翰·伍登将战术改为1-4落位，来最大程度地发挥这两个队员内外线结合的优势，最终获得了巨大的成功。

福格·艾伦、弗兰克·麦圭尔是美国篮球历史上比较知名的"灵活型"教练的典范。福格·艾伦被称为"篮球教练之父"。1959年，福格·艾伦入选美国篮球名人堂，他也是著名篮球教练迪恩·史密斯的教练，曾执教于堪萨斯州立大学、贝克大学、哈斯克尔学院和沃伦斯堡师范学院的球队。他执教的堪萨斯州立大学球队获得1922年、1932年和1952年的NCAA全国总冠军，而这3个赛季球队的进攻特点完全不一样。当福格·艾伦发现一些更好的进攻战术适合自己的队员和整个球队时，他会毫不犹豫地进行改变。

"体系型"教练能够随着比赛经验的积累，更好地根据队员的能力和比赛的需要来构建和调整自己的进攻战术体系。2014年4月，笔者对NCAA二级联盟的13名主教练进行了问卷调查并做了进攻战术体系运用统计，11名教练认为自己倾向于"体系型"教练，占到84.6%；其中9名教练运用移动进攻战术体系，1名教练运用普林斯顿进攻战术体系，1名教练认为构建了自己的进攻战术体系（图1）。教练战术思想的百花齐放，是美国篮球强大的重要因素之一。

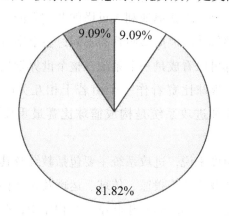

图1 进攻战术体系运用统计图

本书所研究的美国大学篮球经典进攻战术体系的创始人都属于"体系型"教练：约翰·伍登教练在加利福尼亚大学洛杉矶分校男篮执教27年；皮特·卡里

尔教练在普林斯顿大学虎队执教 29 年；泰克斯·温特教练在堪萨斯州立大学执教 15 年，后与菲尔·杰克逊执教公牛队和湖人队；鲍勃·奈特教练在美国陆军学院 6 年的执教经历为他的移动进攻战术体系奠定了基础，之后执教印第安纳大学男篮 29 年。

2014 年美国对大学篮球教练执教年限进行了统计，结果显示美国大学篮球教练的平均执教年限为 2 年，频繁被解雇的最大因素是球队成绩。上述 4 名教练凭借有效的进攻战术体系取得了骄人的战绩，让他们在大学站稳脚跟，从而也吸引优秀队员加盟，形成良性循环。因此，本书通过对 4 名"体系型"教练的战术体系进行剖析，揭示"体系型"教练在构建进攻战术体系时所应考虑的要素。

2.4   理论基础

2.4.1   系统论视角下的篮球进攻战术体系

系统思想作为一门科学的系统论，是由美籍奥地利人贝塔朗菲创立的。"系统"是同类事物按一定的关系组成的整体 [1]。根据参照系的不同，整个宇宙可以分为不同的子系统。世界上任何事物都可以看成是一个系统，整个世界就是系统的集合。在系统论的视角下，可以将篮球比赛看作一个由若干相互关联的子系统构成的复杂系统，其中防守系统和进攻系统是构成篮球比赛最重要的两个子系统。

从一支球队形成整体进攻体系的角度来说，进攻系统主要包括教练及其战术理念、战术原则、阵容配备和战术方法及变化。投篮、传球、运球及无球移动等技术构成了纷繁复杂的进攻方法和变化，它们之间互相联系、互相作用，在不同教练战术理念和战术原则的指导下，有目的地配备队员阵容，构成了不同风格的进攻体系，构成了以这名教练为代表的个性化整体。

[1]   中国社会科学院语言研究所词典编辑室. 现代汉语词典[M]. 7版. 北京：商务印书馆，2016：1407

　　本书站在整体论的系统视角上，运用系统层次、系统与子系统、系统各要素之间的相互作用等理论知识，探索美国大学篮球经典进攻战术体系（UCLA 进攻战术体系、普林斯顿进攻战术体系、三角进攻战术体系和移动进攻战术体系），研究各体系内在各要素的作用及其相互关系。

2.4.2　还原论视角下的篮球进攻战术体系

　　我国著名科学家钱学森曾说过："研究复杂事物时，只讲整体论不行，只讲还原论也不行。"在研究篮球进攻战术体系这个复杂的整体时，本书将在系统论的视角下，运用还原论的方法对构成美国大学篮球经典进攻战术体系的各要素进行分析研究。

　　还原论是主张把高级运动形式还原为低级运动形式的一种哲学观点。它认为现实生活中的每一种现象都可看成是更低级、更基本的现象的集合体或组成物，因而可以用低级运动形式的规律代替高级运动形式的规律。还原论派生出来的方法论手段就是对研究对象不断进行分析，恢复其最原始的状态。[1]

　　个性化进攻战术体系主要是由教练及其战术理念、战术原则、阵容配备、战术方法及变化构成的。本书将在整体论的视角下，用还原论的方法对这些要素分别进行分析。

　　具体到战术方法及变化，从机械还原论的哲学思想来看，进攻战术体系是由若干个相互关联并且可以互相转化的进攻战术构成的。本书将运用还原论的方法剖析美国大学篮球经典进攻战术体系的具体战术方法及变化，让读者更清楚地理解这些经典进攻战术体系。

2.4.3　篮球进攻战术体系与涌现原理

　　还原论的方法从整体向下分解，对构成整体的部件的本质进行研究，这是它

[1]　引自百度百科对还原论者的解释，网址为：https://baike.baidu.com/item/%E8%BF%98%E5%8E%9F%E8%AE%BA%E8%80%85/12734805?fr=aladdin。

的优势。但分解之后由于固有的不可逆性，并不能解答复杂系统在高层次上的整体化问题，这又是它不足的一面。所以仅靠还原论方法还不够，还要解决由下往上的问题，这也就是复杂性研究中所说的涌现问题。

涌现（emergence）即突现，随着系统科学的发展逐渐成为复杂性研究的主题。复杂性通常是指多个要素组成系统后，出现了组成系统前单个要素所不具有的复杂性质，所出现的性质并不存在于任何单个要素中，而是系统在低层次构成高层次时才表现出来，所以人们形象地称其为"涌现"。"整体大于部分之和"，简单的规则与规律可以产生永恒的新颖与新奇，这些都是复杂系统的功能，涌现生成系统的属性。[1]

从构成球队个性化进攻战术体系的各要素来看，它们是互相联系、互相影响的，只有当它们有效地组合在一起时才能够实现整体大于部分之和的功能。具体到战术方法及变化，最基本的进攻技术动作结合一系列比赛规则，衍生出了极其复杂的战术方法。

篮球进攻战术体系是一个复杂的系统，这个系统也是由若干个子系统和要素构成的。它们之间的相互关联与作用表现可以带来无限变化的基本规则与规律。在篮球进攻战术体系中，这些基本规则与规律可以是基本战术原则和基本战术方法等。在研究战术方法及变化时我们会发现，投篮、传球、运球及无球移动等进攻技术，在不同教练战术理念的指导下，不同的组合方法、顺序、侧重点，涌现出风格各异的战术方法及变化。

如此简单的技术动作涌现出如此多的战术方法及变化，这与教练的战术理念、战术原则以及运动员的个人能力有密切的关系。本书将分析这些要素以厘清涌现的来源、成因、条件，这对篮球进攻战术体系的构建有非常重要的理论意义。

---

[1] 约翰·霍兰.涌现：从混沌到有序[M].陈禹，等，译.上海:上海科学技术出版社，2001:4-5.

3 篮球进攻战术体系的理论概说

理论是指人们由实践概括出来的关于自然界和社会的、知识的、有系统的结论[1]。在篮球领域中，人们联系实际，经过对篮球比赛、训练、教学的长期观察与总结，形成了对其本质、规律等的系统认识，对这些认识的加工与梳理称为篮球理论。篮球运动实践是篮球理论的基础，正确的理论对篮球比赛具有积极的指导作用，理论与实践相辅相成，推动篮球运动不断向前发展。

用系统论的思想来考虑进攻战术体系的构建，要从教练的进攻战术理念开始，回答"遵守什么样的战术原则，怎样去组合个人进攻技术，侧重哪些进攻技术，需要什么样的球员配备"等问题。进攻战术是构成个性化进攻战术体系下更小的子系统，子系统之间是否能够有机结合和转化是形成有效进攻战术体系的基础。只有在相对稳定的进攻理念下，处于子系统地位的进攻战术才能够形成统一的目标，最终构成灵活多变的进攻战术体系。

篮球理念的形成源于对篮球运动规律的认识，是客观存在的主观反映。由于人们对规律的认识水平、把握的视角不同，在主观反映时就会有所差异，这就形成了不同的篮球理念。

篮球比赛的复杂性对每个球队的进攻战术提出更高的要求。一系列的进攻战术需要在统一进攻理念的指导下形成进攻战术体系，这样才能应对各种防守变化。进攻战术是建立在进攻技术基础上，队员之间相互协调配合，运用一系列传切、突分、掩护等基础配合创造得分机会的方法。

从整体论的视角来分析，进攻战术体系应包括教练的战术理念、战术原则、阵容配备、战术方法及变化等要素。通过对美国篮球进攻战术体系书籍的分析，笔者认为美国篮球进攻战术体系是由教练在其执教理念指导下，组合队员阵容，

---

[1] 中国社会科学学院语言研究所词典编辑室. 现代汉语词典[M]. 7版. 北京：商务印书馆，2016：
    799.

设定战术原则和战术方法，所形成的个性化进攻战术体系。篮球进攻战术体系应具备进攻人盯人防守、进攻联防、进攻紧逼防守、快攻等功能。

3 篮球进攻战术体系相关理论研究

4 美国篮球进攻战术体系及理论演变历程

竞技体育作为教育的一部分，是美国竞技体育能够持续保持世界顶尖水平的重要因素之一。让美国篮球运动员和教练接受良好的教育，使其能够在攻防战术上进行不断创新与总结，从而推动美国篮球的不断发展。

篮球运动的发展促进了篮球理论的诞生。最初的篮球理论多出自教练对训练和比赛经验的总结。随着篮球运动影响力的提升，篮球理论成为影响运动成绩的重要因素，并得到所有篮球运动员、教练的高度重视。他们将从实践中获得的经验总结提炼成理论，又付诸实践进行检验，最终升华为能够指导比赛实践的篮球理论。

美国篮球理论的发展大体可以分为初始阶段和蓬勃发展阶段。

4.1 初始阶段

詹姆斯·奈史密斯对篮球进攻最原始的定义是："篮球比赛的目标是将球投进对手球篮。"当时很多教练喜欢将这个定义加上"比对手更多的"。早期的篮球运动员、教练很快地根据这个定义来进行比赛，快攻很显然是最早的、最成功的进攻战术。[1]

美国篮球发展初期的进攻战术及理论演变过程见表2。

---

[1]   BEE C. Man－to－Man Defense and Attack[M]. New York: A. S. Barnes and Company, 1942.

表2 美国篮球发展初期进攻战术及理论演变过程

时间	进攻战术演变	代表人物	代表人物身份
20世纪初	"一名进攻队员在球前面"的理念是当时进攻的主要战术理念	未知	未知
20世纪20年代前后	强弱侧转移进攻、传切配合、"8"字围绕进攻等阵地进攻战术出现	德内特、纳特·霍尔曼、亨利·克利福德	美国篮球名人堂球员、美国篮球名人堂教练
20世纪30—40年代前后	后卫外切、内线掩护、通过长传形成多打少等进攻战术出现	阿道夫·鲁普、里德·奥尔巴赫、克莱尔·比	美国篮球名人堂教练

"一名进攻队员在球前面"的理念是在篮球运动中最早被提出来的进攻理念[1]。这个理念是指在比赛中，当一名队员持球时，另一名队员向篮下切入获得空位，持球队员将球传给切入队员上篮得分。虽然从文字资料中没有显示代表人物，但是可以推测出，是由一线教练和运动员在比赛实践中根据获胜的需要总结出的进攻理念。

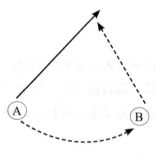

图2 原始三角进攻路线图[1]

在"一名进攻队员在球前面"的理念指导下，当中锋点拨球给前锋后没有得分，中锋和前锋就开始了第一种传球进攻战术（图2），A传球给队友B，然后向篮下切入，B再将球回传给A，A上篮得分。这个由两条传球路线和一条队员的移动路线组成的三角，形成了最初的三角进攻战术。三角进攻战术的出现也预示

---

[1]　BEE C. Man－to－Man Defense and Attack[M]. New York: A. S. Barnes and Company, 1942.

着篮球运动的最基础配合——传切配合的出现，也是后来掩护配合出现的前提。

传切配合于 1925 年首创并运用到篮球运动中。美国篮球名人堂球员德赫内特和霍尔曼精通此种战术配合，成为当时的代表人物。传切配合的出现对篮球进攻技术的发展产生了深远的影响。[1]

1910 年前后，篮球比赛真正进入了团队合作时期。快攻还是各个球队非常重视的进攻战术之一，但是在比赛中，一些球队在打不成快攻时便转为阵地进攻了。教练和运动员们发现，每次疯狂快速的攻防使队员疲于奔跑，会使他们的运动寿命变短，这样就迫使职业教练和运动员们创造出一些阵地进攻战术来得分，不用总是在场上拼速度。[2]

随着防守的发展，进攻开始运用强弱侧转移球的理念来打乱防守方盯人的布局，从而获得进攻优势。1922 年，亨利·克利福德教练在匹兹堡大学创造了"8"字进攻战术，后来被很多教练效仿。这个战术包含了一系列的阵地战术、波浪式进攻战术及控制球战术等。1928 年，亨利·克利福德教练所带领的匹兹堡大学男篮以 21 ∶ 0 的成绩获得全美冠军。

美国篮球名人堂教练阿道夫·鲁普是最早发明快攻和阵地进攻战术的教练之一。20 世纪 30 年代的后卫外切战术和内线掩护战术都是由阿道夫·鲁普发明的。

如果说詹姆斯·奈史密斯是"古典篮球之父"，那么"现代篮球之父"当属里德·奥尔巴赫。里德·奥尔巴赫强调篮球是团队运动，更注重防守，将快攻看作是进攻的有效武器之一。1938 年读大三的他就开始意识到，如果篮板和长传处理得当，就可以获得 3 打 2 的优势。

1942 年，著名教练克莱尔·比出版了 *Man-to-Man Defense and Attack* 一书。书中不但对美国篮球发展中进攻人盯人战术的发展做了介绍，还根据自己的执教经验介绍了自己的人盯人攻防理论体系。

从表 2 的归纳中可以看出，在篮球运动初创时期，一线教练和运动员对可以奏效的进攻方法进行了探索和创新，出现了一系列从简单到复杂的进攻战术配

---

[1] 拉尔夫·皮姆. 制胜篮球：篮球进攻技术与训练[M]. 徐军海，陈健，李刚，译. 北京：人民体育出版社，2005:13.
[2] BEE C. Man‐to‐Man Defense and Attack[M]. New York: A. S. Barnes and Company, 1942.

合，并留下了很多弥足珍贵的文献资料。通过研究可以看出，美国早期的篮球运动理论都是通过一线教练对比赛中的经验进行总结，再付诸比赛实践中进行检验，最后升华到可以指导篮球比赛实践的理论知识这样一个过程形成的。

4.2　蓬勃发展阶段

20 世纪 50 年代，NBA 出现了比赛危机。由于进攻没有时间限制，比赛双方只要有一队领先了就开始控制球，不进攻了，篮球运动的观赏性、对抗性都下降了。1952 年，锡拉丘兹国民队老板丹尼·拜尔松提出了 24 秒进攻时间的规定（24秒规则），1954—1955 赛季第一次实施了这一规则。24 秒规则拯救了篮球运动，丹尼·拜尔松也由于这项跨时代的发明进入了美国篮球名人堂。

24 秒规则的出现使进攻战术有了很大的变化，一线教练需要根据这个规则来创造或者更新自己的进攻战术，进攻战术也随之更为复杂，形成了很多以教练为代表的进攻战术体系。本书所研究的 4 种美国大学篮球经典进攻战术体系就是典型的以教练为代表的进攻战术体系，教练在战术体系的创新和发展过程中起到了决定性的作用。

4.2.1　UCLA 进攻战术体系与约翰·伍登

约翰·伍登教练在执教加利福尼亚大学洛杉矶分校男篮的过程中，创建了UCLA 高位进攻战术体系，后来又根据队员情况增加了高低位进攻战术体系。1964—1975 年，他带领球队创造了无数后人难以超越的佳绩：获得了 10 次美国大学生篮球联赛冠军，7 次蝉联大学联赛冠军，8 次以不败纪录获联合会赛冠军，曾连续 88 场保持不败，连续 38 次在联合会赛决赛中获胜并保持 4 个赛季不败的纪录。UCLA 男篮的战术体系也随之名声大噪，成为当时最流行的进攻战术体系，被运用在包括 NBA 在内的各个水平的篮球比赛中，并命名为 UCLA 进攻战术体系。

1966 年，约翰·伍登教练出版了 *Practical Modern Basketball* 一书，至 1998

年已经再版了 3 次。此外，约翰·伍登教练还出版了多本图书，如 1997 年出版了 *Wooden: A Lifetime of Observations and Reflections On and Off the Court*，2001 年出版了 *Be Quick—But Don't Hurry*，2003 年出版了 *They Call Me Coach*，2006 年出版了 *John Wooden's UCLA Offense*，等等。约翰·伍登教练将自己一生的执教经历都整理成了书籍，这些书籍成为美国篮球教练成长过程中的必读书。

4.2.2 普林斯顿进攻战术体系与皮特·卡里尔

皮特·卡里尔教练在执教普林斯顿大学男篮时（1967—1996 年）创建了普林斯顿进攻战术体系。他在执教期间，取得了 525 胜、273 负的战绩（65.8% 的胜率），是当时 IVY 联盟 [1] 大学篮球历史上胜率最高的教练，也是唯一一个在没有一名队员享受学校奖学金的情况下在 NCAA 赢球超过 500 场的教练，并创造了 14 次失分最低纪录 [2]。1997 年他受邀到 NBA 的萨克拉门托国王队担任助理教练，他帮助当时的主教练里克·阿德尔曼将普林斯顿进攻战术体系引入国王队，并看着国王队一步步地成为 NBA 联盟中的一支劲旅。2007 年皮特·卡里尔教练以志愿者的身份帮助华盛顿奇才队，2009 年又回到国王队担任助理教练。

1997 年，皮特·卡里尔教练结合了自己的战术理念和执教经历出版了 *The Smart Take from the Strong: The Basketball Philosophy of Pete Carril* 一书。

4.2.3 三角进攻战术体系与泰克斯·温特、菲尔·杰克逊

被誉为"三角进攻之父"的泰克斯·温特教练，1947 年加盟南卡罗来纳大学篮球队，改良了他的老师萨姆·巴里教练的进攻战术，创建了三角进攻战术体系。随后，三角进攻战术体系在菲尔·杰克逊教练的手中发扬光大，被整个篮球界认可。1985 年，泰克斯·温特以助理教练的身份加盟芝加哥公牛队，1989 年开始辅佐主教练菲尔·杰克逊。当时公牛队的主要对手底特律活塞队奉行"乔丹

---

[1] IVY联盟是由8所美国东北部的大学所组成的联盟，它们是布朗大学、哥伦比亚大学、康奈尔大学、达特茅斯学院、哈佛大学、普林斯顿大学、宾夕法尼亚大学和耶鲁大学。

[2] 引自维基百科对皮特·卡里尔教练的介绍，网址为：http://en. wikipedia. org/wiki/Pete_Carril。

法则"，即不对乔丹采用包夹，而是死守住其他4人，单防乔丹的人则不惜用一切办法打乱乔丹的进攻节奏。在奉行这一法则后，屡次败于公牛队的活塞队，在其后的3次季后赛都淘汰了公牛队。为了克制这一防守战术，释放其他队员的进攻能力，菲尔·杰克逊下决心采用三角进攻战术。随后的几年里，三角进攻战术体系成为公牛队6获NBA总冠军（分别为1991年、1992年、1993年、1996年、1997年、1998年）不可或缺的重要因素，三角进攻战术体系也随之声名鹊起。1999年，菲尔·杰克逊成为洛杉矶湖人队总教练，在泰克斯·温特的帮助下，湖人队运用三角进攻战术也获得了5次NBA总冠军（分别是2000年、2001年、2002年、2009年、2010年）。泰克斯·温特陪伴菲尔·杰克逊度过了公牛队和湖队人的鼎盛时期，他们在这两支球队当中全面推行三角进攻战术，总共夺得了11次NBA总冠军。

泰克斯·温特教练在1962年出版了 *The Triple-post Offense* 一书，对自己的战术理念、战术原则和如何构建三角进攻战术体系进行了阐述。1970年，菲尔·杰克逊出版了 *Take It All* 一书，这是他出版的第一本书籍。到2014年他一共出版了8本关于篮球和执教经历的书籍。

4.2.4 移动进攻战术体系与鲍勃·奈特

20世纪70年代，鲍勃·奈特教练的移动进攻战术体系取得了优异的成绩。他在美国陆军学院、印第安纳州立大学和德州理工大学执教的40年里，运用移动进攻战术体系赢得了902场比赛的胜利，成为当时NCAA获胜场次最多的教练。

1975年，鲍勃·奈特教练将他多年使用的移动进攻战术体系进行归纳总结，出版了 *Motion Offense* 一书。书中对自己为什么采用移动进攻战术体系、运行过程中的原则和方法进行了介绍。

综观这4种美国大学篮球经典进攻战术体系，教练在执教实践中不断地创新、修正，在进攻战术体系的创新、实践和理论等方面都对篮球运动的发展做出了巨大的贡献。

2000年以来，美国篮球进攻战术体系更是百花齐放，很多教练都将自己的执教经验总结归纳成书，供大家学习和探讨。著名教练鲍勃·哈金斯在2003年出

版了 *Motion Offense: The Principles of the Five-Man Open Post* 一书，书中总结了他的执教经历，不仅介绍了进攻理念和原则、移动进攻的各种选择，还将如何教移动进攻战术呈现给了读者。这本书被很多美国教练认为是最好的移动进攻战术体系书籍。此外，他还出版了 *Coaching Fast Break and Secondary Offense* 一书。

美国没有类似于我国篮球教材的概念，篮球教师和教练在实际的教学和训练中一般都使用他人著作作为教材，或作为参考资料[1]。

2015 年 12 月 16 日，笔者在美国亚马逊网站以"basketball coaching"为关键字进行检索，结果显示有 513 本篮球执教的相关书籍；再根据篮球领域最畅销书目查询，查出前 100 名畅销书。表 3 为排前 10 名的畅销书目。

表 3 美国篮球畅销书排名前 10 名的书目（截至 2015 年 12 月 16 日）

排名	书名	作者	作者身份
1	*The Power of Negative Thinking*	鲍勃·奈特	鲍勃·奈特，第一个在美国大学篮球教练中获得902场胜绩的教练
2	*Toughness: Developing True Strength On and Off the Court*	杰伊·比拉斯	杰伊·比拉斯曾是杜克大学主力球员，在欧洲职业篮球俱乐部做过3年助理教练，之后回到杜克大学做迈克·沙舍夫斯基教练的助理教练
3	*Survival Guide for Coaching Youth Basketball (2nd Edition)*	基思·米尼斯卡科	基思·米尼斯卡科是有30年执教青年篮球经验的教练，现任芝加哥复兴大学预备高中女篮主教练，还担任很多业余球队的教练职务
4	*Eleven Rings: The Soul of Success*	菲尔·杰克逊 休·迪里汉提	菲尔·杰克逊，曾加盟纽约尼克斯队并担任总裁，是率领公牛队和湖人队勇夺11次NBA冠军的著名教练

[1] 刘卫东，宋君毅，李明达，等. 中美篮球教学、训练理论对比与反思 [J]. 山东体育学院学报，2008（5）:52-54.

排名	书名	作者	作者身份
5	*Basketball Skills & Drills (3rd Edition)*	杰瑞·克劳斯 唐·梅尔 杰瑞·梅尔	杰瑞·克劳斯，自1959年开始，执教过小学、高中、大学、奥运会各个水平的篮球队。在北卡罗来纳大学获得博士学位，2007年在西雅图获得篮球终身贡献奖，共出版过30多本篮球专业书籍 唐·梅尔，北方州立大学男篮主教练 杰瑞·梅尔，是美国竞争者网站的首席分析师和球探，曾是NCAA球员，毕业后做过高中、大学球队的教练
6	*Bleeding Orange: Fifty Years of Blind Referees, Screaming Fans, Beasts of the East, and Syracuse Basketball*	吉姆·鲍汉姆 杰克·麦克卡鲁姆	吉姆·鲍汉姆，美国篮球名人堂教练，在锡拉丘兹大学橘子人队执教近40年 杰克·麦克卡鲁姆获得美国篮球名人堂授予的篮球领域最佳作家
7	*Sacred Hoops: Spiritual Lessons of a Hardwood Warrior*	菲尔·杰克逊	菲尔·杰克逊，曾加盟纽约尼克斯队并担任总裁，是率领公牛队和湖人队勇夺11次NBA冠军的著名教练
8	*Sum It Up: A Thousand and Ninety-Eight Victories, a Couple of Irrelevant Losses, and a life in Perspective*	帕特·萨米特 莎莉·詹金斯	帕特·萨米特是NCAA历史上第一个赢得1000场胜利的教练，田纳西州大学女篮主教练，曾获得8次全美冠军 莎莉·詹金斯毕业于斯坦福大学，著名的体育作家
9	*Players First: Coaching From the Inside Out*	约翰·卡利帕里 迈克·索科拉夫	约翰·卡利帕里，现任肯塔基大学男篮主教练，执教大学男篮20多年 迈克·索科拉夫，纽约时报记者
10	*Practical Modern Basketball（3rd Edition）*	约翰·伍登	约翰·伍登，执教加利福尼亚大学洛杉矶分校男篮27年

　　从表3中可以看出，所有畅销书的作者基本都是执教一线的教练，也有一部分是一线教练与知名的作者合作著书的。高水平教练有着丰富的篮球训练与比赛的实践经验，在执教生涯中形成了属于自己的战术理念，并将其成书成文，提供给读者。由于他们具备运动员的经历，较高的文化知识水平，大量的实践教学、

训练经验，使得他们的著作更具时代性和实用性。[1]

本书对 NCAA 二级联盟的 13 名男篮主教练阅读篮球专业书籍的情况进行了问卷调查（表 4）。

表 4 NCAA 二级联盟 13 名男篮主教练阅读篮球专业书籍的情况

读书本数	百分比/%	人数
没有	0.0	0
少于5本	0.0	0
5～10本	7.7	1
11～20本	15.4	2
20本以上	76.9	10

结果显示，1 人读了 5～10 本篮球专业书籍，2 人读了 11～20 本篮球专业书籍，10 人读了 20 本以上的篮球专业书籍。从教练阅读篮球专业书籍的情况可以推断出，美国篮球理论书籍是美国篮球理论推广传播和教练执教中学习提高的重要途径之一。

综上所述，美国篮球进攻战术从简单到复杂，其理论从初创时期至今，都是由一线教练在比赛实践中以球队取得胜利为目标，不断地探索有效的进攻战术方法，形成各自的执教理念，将积累的比赛经验进行总结归纳，包括战术原则、球员的配备、战术方法的运用等，再将其付诸比赛实践检验其效果，最终整理升华成以教练为代表的、有效的个性化进攻战术体系。这些进攻战术体系为后人学习、效仿提供了多元化的理论素材。这些都是值得我国篮球界广为借鉴的。

---

[1] 叶天宁.美国篮球教学用书编写特色研究[D].北京:北京体育大学，2015：7.

5 美国篮球经典进攻战术体系形成的必然性

耶鲁大学男篮主教练哈沃德·霍布森认为，篮球运动作为唯一一项完全由美国人发明创造的体育项目，是美国对于体育运动最大的贡献。篮球运动于1891年在马萨诸塞州的春田学院出现后，快速地传播到美国各地，乃至全世界。1949年，美国已经至少有2000万人在打篮球。超过3.18亿的观众买票看他们最喜欢的体育比赛，其中1.05亿人，差不多33%的观众是篮球粉丝。[1]

篮球运动在美国很早就成为学校体育的重要组成部分，也逐渐成为各个学校最主要的体育项目之一。与此同时，竞技篮球也在各高中、大学、业余的与职业的球队之间开展起来。美国的历史、社会背景和其学校体育与竞技体育完美结合的制度，使美国篮球运动得以繁荣，多元化经典进攻战术体系的出现成为美国篮球运动发展中的必然产物。本部分将以4种美国大学篮球经典进攻战术体系（UCLA进攻战术体系、普林斯顿进攻战术体系、三角进攻战术体系及移动进攻战术体系）为例，揭示美国篮球经典进攻战术体系形成的必然性。

5.1 历史、社会背景

伴随着资本主义的发生、发展，西方近代体育在古希腊、古罗马体育的基础上逐渐萌芽兴起。在基督教统治下黑暗的欧洲中世纪，禁欲主义是束缚人类的精神枷锁。教会教育人们只有信仰上帝，用禁欲、斋戒、忏悔、出家修行等方法，才能摆脱人世间的罪恶和痛苦，得到上帝的挽救，把一切希望寄托于来世"天国"，他们主张"肉体是灵魂的监狱"，完全漠视体育锻炼。14~16世纪的西方文艺复兴运动冲击了腐朽的封建文化，打破了禁欲主义的枷锁，使人们相信人的

---

[1] HOBSON H A. Scientific Basketball[M]. New York: Prentice-Hall INC, 1950.

欲望是正当的人生目的，认为灵魂与肉体之间应建立和谐的关系，强调肉体生活的价值并不亚于灵魂得救。15～16世纪欧洲爆发的宗教改革运动，带动了近代体育的兴起，促进了民族、国家意识的形成，产生了近代体育的需要。

在新教取得最大胜利的德国、瑞典、英国等国家，近代体育最先发展起来。通过当时一些著名的哲学家、思想家、教育家的努力和实验，18～19世纪在欧洲大陆先后形成了德国体操、瑞典体操两大体系和学派。

美国作为多元民族的移民国家，美国人民的血液中流淌着竞争的基因，他们追求自由。在美国的《独立宣言》中，美国人民的要求是在这块土地上平等、自由和幸福地生活。[1]死板成套的体操不能够满足美国青年人竞争的需要、自由的需要，篮球运动就是在这样的需求下被创造出来的。

大工业生产革命促进了资本主义的繁荣，资本主义发达的经济保证了教育的普及和科技的创新，解放了劳动力，也为人们提供了更多的闲暇。篮球运动是在满足人们娱乐消遣的需求下发展起来。

美国经济和科技的高速发展，经济结构的多元化为篮球运动的兴盛奠定了物质基础。门票、广播、电视、网络视频等不同渠道的收入为各个水平篮球队伍的发展保证了经济来源。1898年，美国新泽西州一支球队花25美元租用了当地一家礼堂比赛，并向观众售票。赛后由于队长库珀组织比赛有功获得了1美元分红。这场"有偿篮球赛"被《不列颠百科全书》认定为第一场"职业篮球赛"。

篮球运动发源于学校，因此大学篮球也在美国最早兴盛起来。第一场被记录下来的大学球队之间的比赛是1895年2月，哈姆莱大学与明尼苏达大学之间的比赛，当时还是采用老规则，一队上场9个人，明尼苏达大学最终以9∶3获胜。正式采用现代5对5规则进行的第一场大学篮球比赛是1896年1月18日在芝加哥大学与爱荷华州立大学之间展开的，芝加哥大学以15∶12获得了胜利。那时的校际竞赛活动由学校之间自发进行，没有形成正式的组织，比赛中常常出现暴力事件，尤其是橄榄球比赛中更甚。

在罗斯福总统的呼吁下，为了防止校际竞赛中发生流血暴力事件，1906年3

---

[1] 林达.历史深处的忧虑：近距离看美国[M]. 北京：生活·读书·新知三联书店，1997.

月 31 日，美国校际运动员协会正式成立（IAAUS），1910 年正式更名为全国大学生运动协会（NCAA），其职责是统筹管理全国大学校际竞赛的规则制定、比赛组织等所有事务。从此，美国校际竞赛活动、竞赛组织渐渐规范化起来，形成了非常完善的竞赛组织体系，促进了大学校际竞赛的健康发展。

NCAA 联盟在 1950 年前后壮大起来。有 600 多所大学、联盟和单项协会加入 NCAA 联盟。至今，已有 1200 多所大学、联盟和单项协会加入了 NCAA 联盟，NCAA 成为美国职能最广、规模最大、会员最多的体育管理机构[1]。

20 世纪 60 年代，美国一项关于 188 所 NCAA 一级联盟学校的调查研究显示，1969 年 NCAA 一级联盟学校的男篮球队一年的花费平均为 130 000 美元，比 1960 年多了 64 000 美元，球队平均收入为 131 000 美元，球队的生存基本能够自给自足。[2] 时至今日，NCAA 已经成为世界知名品牌，在 2015 年福布斯十大最有价值品牌排名中，NCAA 男篮四强赛位居第 6，其品牌价值为 1.5 亿美元，2014 年为 1.43 亿美元。美国发达的经济条件和高校篮球经济的迅猛发展保证了球队的生存和发展。

美国交通的发展促进了近距离球队的高频率交流和比赛。比如，1946—1947 赛季，俄勒冈州大学男篮离开学校 5 天到纽约打了 2 场比赛，学生只缺席了 2 天的课程；1948—1949 赛季，耶鲁大学男篮利用假期到旧金山打了 2 场比赛，来回才花了 6 天时间。发达的交通保证了篮球比赛的高频率进行，球队间交流的机会越来越多，对球队战术打法的多样化需求也越来越大。球队要想在频繁的比赛中取得好成绩，就必须研究对手和自己，设计攻防战术，这也促进了球队间进攻战术体系的互相借鉴和发展。

图 3 为 1994—2014 年 NCAA 男篮球队数统计图。从图中可以看到，球队数量稳中有升，一级联盟球队从 1994 年的 301 支球队增加到了 345 支球队，二级联盟、三级联盟球队也都有所增加。每支球队每个赛季平均能够进行 30 场的正规比赛，每一场输赢都计成绩，季后赛以后的比赛都是淘汰赛，输一场就出局，

[1] 池建. 美国大学竞技体育管理体系的研究[D]. 北京: 北京体育大学，2003: 11.
[2] TOWNSEND D. Basketball: The American Game[M]. Chicago: Follett Publishing Company, 1971:182.

因此每场比赛都非常重要。激烈的竞争促使教练们不断地研究对手和自己，在比赛实践中不断地总结和变化，渐渐地形成各具特点的进攻战术体系。

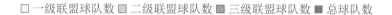

□一级联盟球队数 ▨二级联盟球队数 ▩三级联盟球队数 ■总球队数

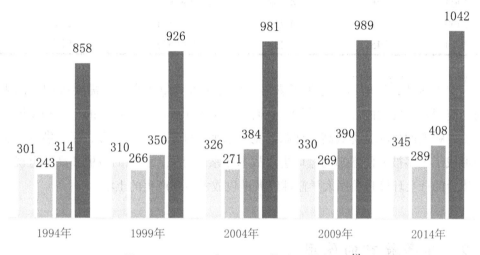

图3 1994—2014年NCAA男篮球队数统计图[1]

根据表5的数据可以推算出NCAA男篮一级联盟1994—2014年每支球队每个赛季平均有15场的主场比赛，观众人数平均超过5000人。在美国，NCAA的影响力远远大于NBA，2014年进行的一项民意调查显示，如果NCAA决赛和NBA总决赛第7场同时进行，87%的人选择看NCAA决赛。NCAA的影响力之大，使得大学球队在聘请教练时，主要考核指标是教练的执教经历和赢球率。因此，教练更注重比赛中进攻战术的实效性。进攻战术体系来源于比赛实践需要，也在比赛中不断地调整、发展。

---

[1] 数据根据美国NCAA官方网站资料进行整理，网址为：http://www. ncaa. org/championships/statistics/ncaa-mens-basketball-attendance。

表 5 NCAA 男篮一级联盟 1994—2014 年主场观众统计表 [1]

年份	球队数	主场数	主场观众人数	平均主场观众人数
1994	301	4 016	21 827 804	5 435
1999	310	4 149	22 113 719	5 330
2004	326	4 508	23 769 845	5 273
2009	330	4 930	26 086 531	5 291
2014	345	5 238	25 799 613	4 925

综上所述，篮球运动是为了满足美国青年人竞争和自由的需要被创造出来的。美国社会发达的经济、科技、交通等，保证了美国大学球队的生存和发展，激烈、频繁的校际竞赛提高了球队的竞技水平，球队间互相学习、互相借鉴，逐渐形成了很多被人们熟知的篮球进攻战术体系。可见，美国的历史和高度重视竞技体育的社会环境是美国大学篮球经典进攻战术体系产生的土壤。

5.2 高等教育的作用

教育是指培养新生一代准备从事社会生活的整个过程，主要是指学校对儿童、少年、青年进行培养的过程 [2]。大学教育的发展对于青年学生价值观和人格的形成有着极其重要的影响。美国大学课程的多元化为学生大大打开了眼界，他们在大学的最大收获就是"获得一种健康的怀疑态度"。

戴维·波普诺从社会学的角度分析了受教育对人成长的重要性。社会学认为，学习是人一生中的个人和社会经历，它会改变一个人的知识、态度和行为方式，对于这样的经历，没有一个社会任其自由发展，教育正是一个社会指导这样的学习经历的正式设置。[3]

---

[1] 数据根据美国NCAA官方网站资料进行整理，网址为：http://www.ncaa.org/championships/statistics/ncaa-mens-basketball-attendance。
[2] 辞海编辑委员会. 辞海[M]. 上海：中华书局，1936.
[3] 戴维·波普诺. 我们身处的世界：波普诺社会学[M]. 李强，等，译. 北京：中国人民大学出版社，2014.

美国重视教育，早在 1642 年，北美的马萨诸塞湾殖民地就通过了一项法律使接受教育成为儿童的义务。义务教育很晚才被延伸到南部州郡，南方众多权贵不遗余力地阻止奴隶接受教育的事实恰恰说明了他们明白教育的力量有多么强大。1945 年，美国人花在教育上的费用仅为 7.421 亿美元，到 1965 年，上升到 69 亿美元[1]。美国 2016 年总统选举强力选手本·卡森在《美利坚沉思录》中写道：每个人都应该知道，今天普通人的寿命在 80 岁左右，人生中头 20~25 年基本上是在受教育。那些教育背景良好的人在人生的后 60 年中可以获利，但是那些没有良好教育背景的人约有 60 年时间却要自食其果。[2] 另外，1999 年美国人口调查局发布的一份名为"巨人回报：受教育程度与工作收入的综合评估"的报告中显示：以一个成人的工作年限计算（25~64 岁），高中毕业生平均总收入约为 120 万美元；大学毕业生平均总收入约为 210 万美元；硕士毕业生平均总收入约为 250 万美元；博士毕业生平均总收入约为 340 万美元；拥有专业学位的人，比如医学学位、牙医学位或者兽医学位，平均总收入约为 440 万美元。[2]

据 2014 年 8 月 NCAA 官网的数据显示，美国大学男子篮球运动员为 18 000 人，毕业后进入职业联盟效力的仅为 1%，大部分的大学生篮球运动员依靠学业成绩在毕业后谋生。据报道，超过 460 000 名的 NCAA 大学生运动员毕业后会从事体育以外的其他职业。[3] 美国的教育对运动员和普通学生的要求是一致的，否则离开体育的运动员们将很难在社会立足。

付瑞在其硕士论文《美国优秀篮球教练员成长经历研究》中对 10 名美国优秀篮球教练员的受教育经历做了统计分析，其中也包括了研究 UCLA 进攻战术体系的创始人约翰·伍登和三角进攻战术体系的主要贡献者菲尔·杰克逊。研究显示，10 名优秀篮球教练员都接受了 12 年的基础教育和平均 4.2 年的高等教育，其中学士学位获得的平均年龄为 22.2 岁，并且都是通过一边打球、一边学习的方式获得的。研究结果表明，良好的受教育经历是他们成才的基础，高学历和文科相关知识的学习在一定程度上有助于教练的成才。[4]

[1] GITLIN T. The Sixties: Years of Hope, Days of Rage[M]. New York: Bantam Books, 1993:21.
[2] 本·卡森. 美利坚沉思录：伟大国家的自白与自省[M]. 裴筱宁，译. 北京：中信出版社，2014:65.
[3] 数据根据美国NCAA官方网站资料进行整理，网址为：http://www. ncaa. org/sites/default/files/ Recruiting%20Fact%20Sheet%20WEB. pdf.
[4] 付瑞. 美国优秀篮球教练员成长经历研究[D]. 北京：北京体育大学，2013: 10.

本书所研究的4种美国大学篮球经典进攻战术体系的创始人都具有较好的教育背景。约翰·伍登教练拥有英语学位，曾经是一名英语老师；皮特·卡里尔教练毕业于拉斐特大学；泰克斯·温特教练毕业于俄勒冈州立大学；鲍勃·奈特教练大学毕业时拥有历史学和政治学双学位。在美国球队的教练招募中，学位并不是必要指标之一。这些优秀教练没有显赫的学位，但是都接受了高等教育。我国学者曾红鹰曾在《正规教育对人的发展及对经济发展作用差异分析》一文中指出，教育对经济和人的发展作用有延后效应，尤其是高等教育。

整个国家的竞技体育体制以学校为中心，是美国竞技体育体制最显著的特点之一。体育与教育的结合使得美国篮球运动员和教练员都具有较高的文化素养和开拓思维，奠定了篮球进攻战术体系得以创新的知识基础。

5.3 多元化哲学思想的影响

美国篮球在高校发源、发展。多元化哲学思想、价值观对进攻战术体系的创新和发展都产生一定的影响。

作为美国主流哲学的实用主义哲学思想，是在美国土壤上生长的一个哲学流派。它于19世纪70年代在美国诞生，到19世纪末20世纪初，通过詹姆士以及美国实用主义另一位代表人物杜威等人的活动，实用主义发展成为在美国影响最大的哲学流派。20世纪40年代以前，实用主义在美国哲学中一直占有主导地位，甚至被视为美国的半官方哲学。实用主义（Pragmatism）的根本纲领是：把确定信念作为出发点，把采取行动当作主要手段，把获得实际效果当作最高目的。1878年，实用主义创始人皮尔斯指出，我们的信念实际上就是行动的准则。[1]

美国篮球运动员和教练员基本上都接受过高等教育，实用主义深深地影响着一代代美国人。当他们在谈及进攻战术体系时，都遵循着实用主义的纲领，每个教练员都声称有自己的进攻哲学。他们将自己的战术理念归纳成战术原则作为战术的出发点，设计进攻战术方法；将战术原则在战术方法中的实施、运用实际效

---

[1] 威廉·詹姆斯.实用主义[M].陈羽纶，孙瑞禾，译.北京:中国青年出版社，2013:38.

果当作最高目的。在实用主义的影响下，教练员的进攻战术体系往往存在着非常大的灵活性，运动员能够最大限度地自由运用技术能力，其创造力也能够得到最佳的释放。

发源于 17 世纪和 18 世纪的古典自由主义，一种政治和经济的哲学，强调个人的权利、私有财产，并主张放任的经济政策，认为政府存在的目的仅在于保护每个个体的自由。这种哲学提出的言论自由、思想自由、自我负责和自由市场等概念影响了美国社会发展中的绝大多数人。

个人主义是古典自由主义的构成要素，是一种道德的、政治的、社会的哲学，认为个人利益应是决定行为的最主要因素，强调个人的自由和个人权利的重要性。个人主义及其所体现的开拓创新的精神，是美国这个移民国家所独具的性格特征，主要体现在：（1）富于开拓，从最初人们拓荒维持最低生活保障到今天追求高质量生活水准，在美国短暂的历史中始终贯穿着这一精神；（2）注重实际，以勤奋工作为荣，为了追求富足生活和个人价值的最大实现，整个社会充满以勤奋工作为乐为荣的氛围；（3）追求个人成才发展中的平等民主，个人创业的意志和能力是评价美国人的重要标准，他们坚信只要努力进取，在机遇面前人人平等，人人都有成功的希望和创造奇迹的可能性。

在篮球进攻战术体系的创新卜，美国的篮球人秉承了实用主义价值观和个人主义思想，不拘泥于固定的模式，注重创新，在 NBA 比赛中篮球技术创新成分远远多于继承的成分。一方面美国人将崇尚人性自由、竞争作为自己的哲学思想，另一方面也强调个人潜力的自由发挥必须以集体目标实现为前提。

实用主义、个人主义及其所体现出来的开拓创新精神是多元化经典进攻战术体系的思想、精神源泉。一代又一代的篮球教练员、运动员在接受高等教育的同时，受到各种哲学思想的熏陶和影响，最终形成具有个人特点的思想理念、价值观。这些思想理念和价值观指导他们在篮球运动实践中勇于创新、勇于尝试，使多元化进攻战术体系的形成成为必然。

5.4 Scouting理念和技术的运用

美国耶鲁大学男篮主教练哈沃德·霍布森在 1950 年出版的 *Scientific Basketball* 一书中写道：Scouting 是指观察、分析和记录球队、运动员个人及裁判员在比赛进程中的表现。Scouting 包括所有客观可记录的数据和可计算出来的（如平均数、百分比等）数据，以及通过观察发现的一些战术和在比赛中表现出来的一些相同战术元素等。[1]Scouting 还包括像分析对手一样分析自己的球队。

Scouting 报告对于教练员来说，有非常高的实际运用价值。（1）客观数据的运用。客观数据主要包括投篮区域、方式、命中率，罚球产生的原因及命中率，攻防篮板球，失误、违例、个人犯规、防守干扰球的次数等。通过 Scouting 报告，教练可以知道对手球员的个人和全队的特点及弱点，从而制定对战对策；也可以了解自己队员的优劣势，从而有效指导训练。（2）主观数据的运用。主观观察应该针对每个运动员进行，包括球员类型、速度、攻击性、耐力、对抗能力、防守能力等。教练可以根据 Scouting 报告来安排个人及全队的攻防策略。主观观察也应该对全队进行，对进攻防守的阵型、攻防策略、界外球战术的有效性等进行记录，能够让教练清楚地知道哪些是有效的、哪些是比赛中和训练中需要调整的。（3）不同比赛环境下的主客观数据的运用。球员需要进行不同环境下的比赛，例如主客场的比赛、教学比赛和正式比赛。不同比赛环境球员与球队的不同表现也是 Scouting 分析研究的对象。不同比赛环境下球员体能、心理的数据也是 Scouting 报告的重要组成部分。

当然，Scouting 报告对于球员、裁判员、评论员和球迷来说也是非常有价值的。

通过哈沃德·霍布森在 1950 年出版的 *Scientific Basketball* 一书中引用的数据材料可以推算出，至少从 1936—1937 赛季开始，美国已经有非常成熟的、全面的 Scouting 数据，并形成了数据库。

每名教练员都对比赛进行着记录，接受过高等教育的教练们都能够很好地对收集到的数据进行计算和运用。张卫平在《谜一样的人——美国篮球教练鲍

---

[1]　HOBSON H A. Scientific Basketball[M]. New York: Prentice-Hall INC, 1950.

勃·奈特印象记》中描述道：在鲍勃·奈特的办公室里，堆满了本队和对手比赛的录像带，墙上挂满了各种统计表格。每天训练前，他要在这里制订详尽的训练计划。训练后，反复观看录像，不断研究改进训练手段，不断提出新的战术思想。为此，鲍勃·奈特的助手说："鲍勃·奈特不断地研究篮球，不断地研究自己，这就是他充满魅力的原因。"[1]

Scouting 的理念和技术运用为教练员构建进攻战术体系提供了客观条件。他们不断地研究对手、研究自己、研究篮球比赛的客观规律，并通过观察记录下来。长年的积累使得受过高等教育的教练们能够理性地总结归纳具有各自特点的进攻战术体系。

5.5　规则变化带来的创新机遇

美国人勇于创新、勇于尝试的开拓创新精神使得篮球运动经历了历史的变迁，依然生机勃勃。从最早的篮球比赛规定 5 人上场开始，比赛规则的变化对进攻战术的变化起到决定性的作用。

最早的篮球比赛场地由一块没有任何区域限制的长方形场地开始；1893 年改为三区制，区分了前场、中场和后场；到 1985 年后改为两区制，中锋队员不受区域限制，可越区比赛。1894 年，在中场区域增加了中圈（用来跳球开始比赛）。由于中圈的出现和中锋队员可以越区比赛的规则，促使了最早的快攻进攻战术的形成。

1910 年球场增设了罚球线，使侵人犯规有了法则。高个中锋出现，乔治麦肯和鲍勃库兰德是那个时代有名的中锋，他们的勾手投篮几乎不可阻挡。优势中锋策略的出现，导致篮下常常堵塞。为了改变这一状况，场地增设了篮下的 3 秒限制区。直至 1936 年，第 11 届柏林奥运会男子篮球成为正式比赛项目，篮球规则进一步被细化、统一化。20 世纪 50 年代，随着 2 米左右的高大并且灵活的队员相继出现，1952 年限制区被扩大到 6.0 米 ×5.8 米的梯形区域。为了继续发挥高

---

[1]　张卫平.谜一样的人——美国篮球教练鲍勃·奈特印象记[J].体育博览，1986（5）:16-18.

大中锋的作用，教练们安排他们到限制区的低位或者高位，尽量保持与篮筐较近的距离，以发挥他们身高的作用，高低位进攻战术初现端倪。

1950 年前后，NBA 的观赏性、对抗性下降了，由于进攻没有时间限制，比赛双方只要有一队领先了就开始控制球，不进攻了。24 秒规则拯救了篮球运动。NCAA 联盟 1985 年开始引进 45 秒进攻时间，后来又缩短为 35 秒，2014—2015 赛季时改为 30 秒。时间的变化让教练们不得不考虑修正原来常用的拖延战术，创新更为有攻击性的进攻战术体系。

20 世纪 50 年代，场地改变和进攻时间限制等规则的改变，促使教练们思考如何通过进攻战术的变化来满足比赛的需求。UCLA 进攻战术体系的高位策应进攻和高低位进攻正是为了迎合限制区的出现、中锋队员进攻区域的变化而创建的进攻战术体系。以前教练们常用的四角传球拖延进攻战术也随着时间规则的改变而变得有攻击性，从而演化出很多具有教练个性特点的进攻战术体系。

5.6　本章小结

综上所述，作为一项完全由美国人发明创造的运动，篮球运动是为了满足美国青年人竞争的需要、追求自由的需要而被创造出来的。美国历史、社会背景，对高等教育的重视，多元化哲学思想的冲击，Scouting 理念和技术的运用，规则变化带来的创新机遇等因素的综合作用推动了篮球运动的发展。经典进攻战术体系在美国的形成、传播是必然的结果。

6 美国大学篮球经典进攻战术体系构成要素分析

篮球经典进攻战术体系是经过时间检验、被人们认可并广泛传播的。本书所列举的 4 种进攻战术体系之所以能够成为经典，除了所取得的成绩以外，各自都因有核心特点而被人们熟知。

UCLA 进攻战术体系：UCLA 进攻战术体系又名 UCLA 高位策应进攻战术体系，是约翰·伍登在加利福尼亚大学洛杉矶分校执教时使用的进攻战术体系。它通常由 2-2-1 或者 4 外 1 内的战术落位发动，并且伴随多种发动方式。它的优势是简单、超强的进攻篮板平衡、强弱侧平衡、空间平衡等，并且能够根据队员的个人能力而灵活调整来突破防守。但是由于它的强侧高低位三角阵型的模式，运球突破的机会受到较大的限制。[1]

普林斯顿进攻战术体系：普林斯顿进攻战术体系是皮特·卡里尔教练执教普林斯顿大学男篮时使用并将其发扬光大的进攻战术体系。这种进攻战术体系一般由 4 个队员在三分线外、1 个队员在罚球线区域来发动，是一个主要强调不停地移动、传球、反跑以及有球掩护、无球掩护的团队进攻战术体系。普林斯顿进攻战术体系的标志是"反跑"，而当防守收缩时，精准的外线三分是队员的另一个最佳选择。[2]

三角进攻战术体系：三角进攻战术体系又名三角策应进攻战术体系，由南卡罗来纳大学的萨姆·巴里教练发明，泰克斯·温特将其改良，并与菲尔·杰克逊联手将其发扬光大。它最重要的特点是由一名落低位的中锋、翼侧的前锋和底角的后卫形成一个边路三角，另外一名后卫落位弧顶，另一名前锋落位在弱侧的高位，形成弱侧的 2 对 2 进攻。这个进攻战术体系的目标是不断地填补这 5 个位置，

---

[1] 引自维基百科对UCLA 进攻战术体系的解释，网址为：https://en.wikipedia.org/wiki/UCLA_High Post Offense.

[2] 引自维基百科对普林斯顿进攻战术体的解释，网址为：https://en.wikipedia.org/wiki/Princeton_offense.

不断地构建三角。[1]

移动进攻战术体系：鲍勃·奈特教练对移动进攻战术体系的发展做出了重要贡献。移动进攻战术体系没有固定跑动路线，而是利用队员有目的地不断移动，发挥其移动优势来获得进攻得分机会的战术体系。它没有预先设计好的切入或传球，但是却有着战术原则和进攻移动选择的自由进攻战术体系，它也通常被大家称为"阅读和反应"进攻。移动进攻战术体系强调中锋队员的掩护和外线队员的不断传球，并有效地做掩护和利用掩护，直到创造出空位上篮或跳投的机会。[2]

从4种美国大学篮球经典进攻战术体系的定义中可以看出，它们都是篮球运动中的进攻战术体系，并且都是以教练为代表的个性化进攻战术体系。它们各具特点（表6），UCLA进攻战术体系以高位策应打法为主，"平衡"是它的主要特点之一；"反跑"是普林斯顿进攻战术体系的标志性打法；三角进攻战术体系的核心特点是"不断构建三角"；移动进攻战术体系的主要特点是不断移动、掩护，"阅读和反应"是对它的最好概括。

表6　4种美国大学篮球经典进攻战术体系的核心特点

战术体系	核心特点
UCLA进攻战术体系	高位策应进攻（高低位）、平衡
普林斯顿进攻战术体系	反跑
三角进攻战术体系	不断构建三角
移动进攻战术体系	移动、掩护

这些特征是个性化进攻战术体系的主要区别，也是其构成要素之间的主要区别。本书试图对教练及其战术理念、战术原则、阵容配备、战术方法及变化进行研究分析，遵循整体论科学观，对4种美国大学篮球经典进攻战术体系进行深入剖析。

---

[1]　引自维基百科对三角进攻战术体系的解释，网址为：https://en.wikipedia.org/wiki/Triangle_offense.

[2]　引自维基百科对移动进攻战术体系的解释，网址为：https://en.wikipedia.org/wiki/Motion_offense.

6.1　战术理念是指导进攻战术体系的纲领

战术理念和指导原则是进攻战术体系的意识层面和理论层面，而战术基本落位、发动及变化是战术体系的存在层面和操作层面。战术理念是教练制订战术计划、确定战术方案、形成战术特点的理想模式和行动准则。

战术理念有两种不同层次的含义：（1）比较持久的、贯穿于训练和比赛活动全过程的指导原则，称为长期的篮球战术指导思想；（2）近期的、比较有针对性的，主要是在一个赛季或者一次重大比赛前所提出的战术方法的原则。战术指导思想确立的依据：（1）对专项运动发展规律和发展趋势的正确认识；（2）对本队队员情况的正确分析；（3）对比赛任务目标的正确确立。确立战术指导思想是球队建设的重要任务，它可以使教练员有计划、有步骤地进行战术训练，从而形成自己的战术风格和体系。[1] 球队中的所有队员需要一个有组织的共同目标，即使最自由的移动进攻战术体系也需要给队员灌输理念和目标，这样运动员才能够清楚地知道他们要去尝试完成什么样的任务[2]。

教练构建自己的进攻哲学，能够使训练更有效、更紧密、更简单，能够使球队的进攻战术更实用和有效，也能够让教练团队更有效地沟通和合作。作为教练需要考虑几个问题：（1）希望球队在进攻端达到什么样的目标？（2）球队战术体系的软硬结构是什么？（3）对手必须阻止你的什么战术才能打败你？（4）在特殊比赛情境下你要使用什么进攻战术？（5）你是否能够很快地回答以上这些问题？（6）你的教练团队的其他成员是否跟你的回答是一致的？（7）球队队员的回答是否也一样呢？[3] 要使球队的所有成员思想一致地来回答这些问题，就必须构建球队的进攻战术理念。

当教练开始构建进攻战术体系时，他首先要考虑的是这支球队的进攻目标是什么，要用什么样的方法和手段来完成这个目标；应该成为一支以快为主的球队

[1]　张勇. 现代篮球战术体系的系统研究[D]. 北京: 北京体育大学，2005：5.
[2]　引自Break Through Basketball网站（https://www.breakthroughbasketball.com/offensive Theory.html），此网站为互联网网上的篮球资源网站，网站中包含了大量的与篮球训练、学习相关的资源。
[3]　STEVE N. Football Offense—Developing Your Offensive Philosophy[J/OL]. Football-tutorials,2012（6）:10[2014-06-20]. https://www.football-tutorials.com/football-offense.

还是一支以阵地进攻为主的球队；球队的进攻是以运球突破为主还是更多地运用传球；更多依赖外线投手的能力还是更多依赖中锋的能力。综上所述，战术理念是一支球队进攻战术体系的灵魂所在，是进攻战术创新的理论指导，战术原则、阵容配备、战术方法及变化都是在它的指导下构建的，也反过来对它进行修正。所有的战术设计和运行都围绕这个战术理念来进行，并且最终成为它的外在表现。美国人通常所说的进攻哲学从本质上讲就是战术理念。综观目前国内关于进攻战术体系的研究，没有人结合战术理念对进攻战术体系进行研究分析，从而使篮球战术的研究失去了核心纲领。

6.1.1 UCLA 进攻战术体系的团结、平衡理念

约翰·伍登教练不仅是一名成功的篮球教练，也是一名哲学家。从高中起，他就着手开始建立自己的成功评估体系。1934 年，约翰·伍登给出了自己对于成功的定义，他认为成功是一种平和与满足的心态，这种满足来自人们确信自己已经尽最大努力做到了能力范围之内的最好。

最终，他将自己心中成功必备的 25 个要素以金字塔的形式表现了出来（图4）。这个金字塔分为 5 层，其中最底层，也就是整个金字塔的基础包括勤奋、友谊、忠诚、合作和热情，而在这之中，勤奋和热情可以说是整个金字塔的支点。约翰·伍登曾经说过，寻找捷径或许会让人到达目的地，但绝对不可能比勤奋工作所获得的成就伟大，而热情是让人全身心投入到工作中必备的精神，否则人们不可能发挥出全力。金字塔的第四层列出了节制、警醒、积极主动与专注这 4 个要素；第三层的要素是状态、技巧和团队精神；第二层的要素是自若和信心；全力以赴被约翰·伍登教练摆在了金字塔的最高层，因为他认为全力以赴的人能够做到最好。除了金字塔主体上的 15 个要素以外，约翰·伍登教练在金字塔的两个斜边上也各注明了 5 种必备的品质，左边从上至下依次为信仰、拼搏、足智多谋、适应能力和雄心，右边从上到下依次为耐心、正直、可靠、诚实和真诚。

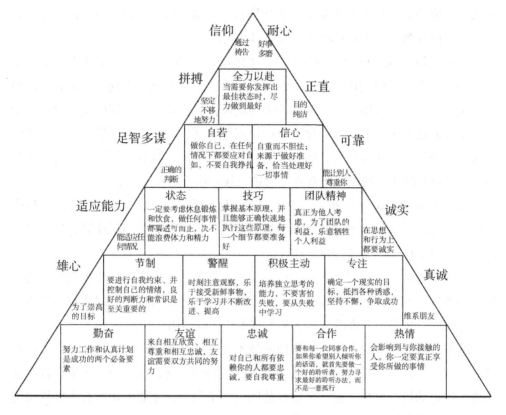

图4 成功金字塔模型[1]

　　仔细分析约翰·伍登教练的战术理念和他的成功金字塔模型，它们之间有很多的共通之处。约翰·伍登教练最有名的5条战术理念是：（1）团队精神就是愿意把集体的利益放在个人利益之上，优秀的团队合作者就需要这样的精神；（2）人必须热衷于寻找最好的成功之道，而不是满足于目前所拥有的成就；（3）团队合作并不是一个选项，而是一个必要条件；（4）忠诚是用一股强有力的力量来融合团队；（5）让团队成员明白他们是和你一起合作，而不是为你工作。[2] 他

[1]　约翰·伍登，杰伊·卡迪. 伍登教练成功金字塔[M]. 戴琳，译. 北京: 中国电影出版社，2008: 14-15.

[2]　引自CoachLikea Pro.com. 由布拉德·温特斯介绍了约翰·伍登所执教的队伍赢得比赛胜利的原因，网址为：http://www.coachlikeapro.com/john-wooden.html.

所认为的成功必须具备很多要素，诸如勤奋、忠诚、团队协作、全力以赴等。这些也都是他在执教球队时对队员们所提出的具体要求。

约翰·伍登认为成功不应该以单一的标准去衡量，而 UCLA 进攻战术体系也是一套追求多样性变化的体系。他认为每个人的运动能力不同、天赋各异，只有团结合作，才能将场上所有队员的能力发挥到最大化。由于篮球比赛规则的变化，中锋的篮下进攻能力被弱化，将中锋安排到高位策应，不但能够发挥中锋的传球、突破能力，还可以为其他队员的进攻拉开空间，从而发挥每一个场上队员的能力。这最终成为约翰·伍登教练的进攻战术体系的主要打法。

约翰·伍登教练的成功金字塔模型既是人生哲学，也是一支球队建设过程中的核心文化，可以作为培养队员时的行为准则。在如今的美国篮球界，这一模型已经成为很多教练战术理念的一部分。

另外，约翰·伍登教练十分注重基本功和细节。他认为进攻战术就是一连串的基本进攻技术有顺序地连接在一起去完成一个特定的目标[1]，因此每个进攻战术配合的成败从根本上来讲是基于基本技术的正确运用。

约翰·伍登教练的人生哲学和他的战术理念相互渗透。注重团队协作，强调场上 5 名队员的平衡进攻机会、攻守平衡、强弱侧平衡，这是约翰·伍登教练进攻战术体系的核心思想。也正是这样的团结、平衡理念才能够让所有天赋异禀的队员能够在场上像一个人一样去进攻。

6.1.2 普林斯顿进攻战术体系的智慧理念

皮特·卡里尔教练的父亲在他很小的时候就灌输了他这样一个思想：巧妙能战胜强壮，智慧是非常重要的[2]。这个思想伴随着皮特·卡里尔教练一生，他也将这个思想融入了篮球运动中，创建了普林斯顿进攻战术体系。

皮特·卡里尔教练总结了他的 6 条战术理念：（1）不停地移动给防守制造最大的麻烦；（2）队员必须拥有均衡的传、切、投 3 种能力；（3）全队 5 人在

[1] WOODEN J，NATER S. John wooden's UCLA Offense[M]. Illinois: Human Kinetics, 2006: 186.
[2] CARRIL P, WHITE D. The Smart Take from the Strong:The Basketball Philosophy of Pete Carril[M]. Nebraska: Bison Books, 2004.

组织进攻时必须有耐心；（4）队员之间必须保持适当的空间；（5）依赖团队合作而不是个人能力来制造机会；（6）尽量利用掩护、空切出手，不要挑战防守最严密的地方[1]。从他的6条战术理念中可以看出，战术行动的目的是不断地移动，拉开空间，为队友创造空切的机会，最终"反跑"成为普林斯顿进攻战术体系的标志性打法。

普林斯顿进攻战术体系是一个可以没有绝对高度的中锋，但是却必须拥有聪明的队员才能执行的进攻战术体系，其宗旨是："强壮能占弱小的便宜，而聪明能占强壮的便宜。"[2]坚持运用智慧来战胜身体条件比自己强壮的对手，战术体系的标志性跑动"反跑"就是智慧的最好体现，也是皮特·卡里尔教练个人价值观的体现。

6.1.3 三角进攻战术体系的构建三角理念

"三角进攻之父"泰克斯·温特认为，所有的阵地进攻战术都是为了创造好的得分机会，这是进攻战术最基本的目标。能够实现这个目标的方法非常多，泰克斯·温特教练坚信"执行力才是成功的关键"。[3]运动员基本功的好坏影响到执行力，而细节上的执行力直接影响到进攻战术体系的成败。

基于这样的战术理念，泰克斯·温特认为，要赢得比赛，首先需要运动员练就扎实的基本功，其次需要教练员将所有优秀的队员整合到一个集体中。完成了这两步，球队的进攻战术体系就建立在了一个非常可靠的、坚固的基础上了。这样球队才能更有信心、更冷静地去比赛，这也是取得胜利所必须具备的条件。[4]被设定的进攻战术是可以根据队员的特点调整的，但由于篮球规则的存在，每个赛季需要调整的只是进攻战术体系中的一些执行方法，从而在最大程度上发挥不同时期优秀队员的特长。

菲尔·杰克逊这样描述了三角进攻战术体系："三角进攻战术体系不仅是一

[1] CARRIL P, WHITE D. The Smart Take from the Strong:The Basketball Philosophy of Pete Carril[M]. Nebraska: Bison Books, 2004.
[2] 同[1]。
[3] WINTER T. The Triple-post Offense[M]. Manhattan: Ag Press, 1997:1.
[4] WINTER T. The Triple-post Offense[M]. Manhattan: Ag Press, 1997:2.

种篮球战术，也是一套哲学理论，是经过了思索与提炼、能够帮助球队在比赛中获得胜利的宝贵财富。当球队从防守方转换为进攻方时，确保队员能够思路清晰、目的明确地在对方的半场各就各位。"

　　三角进攻战术体系基于扎实的基本功之上，队员在场上不断地构建三角，通过观察对方的防守变化而做出不同调整。三角进攻战术体系要求队员分享得分的机会，因此队员要有很好的耐心，并且愿意将自己的才华融入球队的整体战术体系中；三角进攻战术体系要求场上的 5 个队员像一个人一样去阅读[1]防守和应变，但也允许出色的队员发挥自己的创造力和天赋，由于防守队员被进攻队员不断的移动所牵制，随着战术的执行，进攻出色的队员可以在对位中取得优势而得分。

6.1.4　移动进攻战术体系的不断移动理念

　　移动进攻战术体系的特点就在于它没有预先设计好的移动路线，队员从教练那里学到的战术理念和战术原则是他们执行战术的行动指南。很多教练在运用移动进攻战术体系的同时，会去设计战术跑动，但这样就违背了移动进攻战术体系的理念。

　　鲍勃·奈特教练认为采用移动进攻战术体系有如下 12 项优势。

　　（1）既定的进攻战术总是只有 2 名队员和球或者最多 3 名队员参与其中，这样就给了防守队很好的条件去协防。移动进攻战术体系让场上的 5 名队员都不断地移动来牵制防守。根据经验，无球防守最厌恶的是进攻队员不断地移动，还伴随着掩护。

　　（2）当既定的进攻战术没有出现进攻机会时，进攻队员会重新落位，重新发动进攻战术，这样就给了防守队员很好的机会去调整布局。

　　（3）在执行既定的进攻战术时，防守队员能够很轻易地预测进攻队员下一

---

[1]　英语中用"read"一词，与我国篮球训练中以前常用的"观察"一词意义相近，但是由于近年来外籍教练和队员的加入，在训练和比赛中都用"阅读"一词翻译，更多地体现出队员通过观察后的理解和判断。本文中涉及英文中用"read"一词的地方基本都用"阅读"这一中文词汇来对应。

步的行动，而移动进攻战术体系将这一劣势化为优势，让防守队员琢磨不透。

（4）因为没有既定的移动路线和顺序，使用移动进攻战术体系的球队让对手的赛前分析、准备变难。

（5）任何的进攻移动都可以融入移动进攻战术体系中，唯一不同的是，移动进攻战术体系的每一次进攻都不是事先计划好的，而是根据防守的情况、战术原则和战术理念随机变化的。

（6）移动进攻战术体系可以被用在任何水平的篮球比赛中。对于年轻队员学习如何进行无球移动、如何帮助队友获得空当投篮机会来说，移动进攻战术体系是一个非常好的战术体系。

（7）对于队员来说，只要在场上打篮球，他就在练习移动进攻；对于教练来说，即使是在训练防守，也同时是在训练最基本的移动进攻。

（8）由于移动进攻战术体系很难被防守，因此在日常的训练中，除了进行移动进攻练习，要求球队的防守队员可以胜任任何艰巨的防守任务。

（9）移动进攻战术体系适合任何节奏的比赛。善于快攻的球队可以使用，任何情况下都倾向于阵地进攻的球队也可以使用；保持比分领先时可以使用，比分落后追分时也可以使用。基本的执行准则是一样的，唯一不同的是执行此进攻战术的目的。

（10）根据队员的个人特点，教练可以调整战术体系，但是总的基本原则是不变的。调整战术时教练主要是根据队员的个人特点来变化得分侧重点的。

（11）移动进攻战术体系可以应对任何形式的防守，包括人盯人、基本联防、对位联防或综合联防以及任何形式的全场紧逼。

（12）执行既定的进攻战术时，当防守队员能很好地准备并破坏进攻节奏时，进攻队员就会陷入困境，不知道怎样延续进攻。在移动进攻中，队员知道如何利用防守的落位和弱点去变化进攻，从而获得进攻中的自由[1]。

从鲍勃·奈特的总结中可以看出，不断地移动、不可预测、适合各个级别的球队、队员在场上有充分自由等是移动进攻战术体系的优势所在。移动进攻战术

---

[1] KNIGHT B. Motion Offense[M].San Francisco: Pearson Education,Inc.,1999.

体系中的"移动"不是一个队员移动，而是所有的队员和球都不断地移动；不是单纯的移动，而是有目的的、伴随着掩护的不断移动。赛场上每名队员每一次的移动都决定了另外4名队员的下一步行动。因此，鲍勃·奈特战术理念的中心思想是：阅读防守，不断移动。

6.1.5　小结

通过对比可以看出，4种美国大学篮球经典进攻战术体系的创始人都有着各自的战术理念，侧重点各有不同，这也是4种美国大学篮球经典进攻战术体系形成各自核心特点的根源。根据战术理念而设定的战术原则、阵容配备、战术方法及变化也都因此有差异。

综合分析4种美国大学篮球经典进攻战术体系创始人的战术理念，可以得出：所有的球队进攻都离不开团队协作；基本功是执行力的保障，战术体系的成功基于精准的细节执行力；阅读防守能力是队员战术应变的基础；无球的移动和掩护有利于牵制防守和保证进攻的灵活性；攻守的平衡、强弱侧的平衡是球队进攻所必须遵循的两条行动准则。

综上所述，美国篮球经典进攻战术体系多元化的出现是教练多元化战术理念的体现，不同的战术理念是个性化进攻战术体系的行动纲领。不同的战术理念偏向形成了不同的进攻战术体系，而战术理念的形成和教练的成长环境、个人价值观是有必然联系的，并与执教球队的具体情况有直接关系。

6.2　战术原则是实施进攻战术体系的行动准则

原则：说话或行事所依据的法则或标准[1]。战术原则是进攻战术客观规律的反映和高度概括，受战术理念制约；是教练对篮球进攻战术规律的客观存在认识之后，对其主观的归纳和总结。进攻战术体系在比赛中的运行既简单又复杂，一

---

[1]　中国社会科学院语言研究所词典编辑室.现代汉语词典[M].7版.北京:商务印书馆，2016:1611.

且比赛开始了，所有的行动都是队员在场上最终做出的决定，教练在平时就要教导队员根据球队的战术理念快速做出决策，队员在赛场上落实的行动就是他们所遵循的战术原则。

简单来说，篮球比赛的目标是在既定时间内得比对手更多的分。因此，有效的进攻得分是进攻的最主要目的。不同的球队对有效进攻的定义各不相同，如内线非常有优势的球队认为攻内线能够获得更有保障的得分，外线远投精准的球队认为创造更多的三分远投机会是更为有效的进攻手段。到底什么是有效进攻呢？所有的教练和运动员都知道：团队紧密合作，创造能够有效得分的机会是获得成功的基础。战术原则能够让队员更好地将自己的天赋融入全队的战术体系中，最大程度地创造得分机会。

6.2.1　UCLA 进攻战术体系的 10 条战术原则

UCLA 进攻战术体系和其他所有的战术体系一样，需要队员有良好的体能、扎实的基本功、无私的球风，能流畅地执行战术。除了这些要求以外，约翰·伍登教练为球队制定了 10 条战术原则，让队员能够更好地将自己的天赋融入全队的战术体系中去。

第 1 条，空间原则。比赛中，队员之间尽可能保持最少 4 米的间距，掩护、换位移动等有时会破坏队员之间的间距，移动完成后应立即保持 4 米以上的间距。合适的间距有利于有效且安全地传球，并且为持球队员创造足够的空间来进攻。

第 2 条，三角原则。在球场上构建三角的目的是增加第三个传球机会，传球角度合理，并能够赢得更好的得分机会。形成三角的时机非常重要，如当翼侧[1]前锋接到球时，低位中锋摆脱要球，此时另一名队员向强侧高位移动，形成三角。如果向高位移动的队员移动太早，出现空当的时机和低位中锋出现空当时机同时出现，持球前锋只能传给一个人；如果他们的机会相继出现，那么持球前锋相当于多了一个传球的机会。

---

[1]　翼侧：在篮球场上，一般是指前场两侧的45°角的位置。

第3条，纵向穿插跑动原则。成功的核心是无私、自信、不断地突破移动。对于一支球队来说，只有精准的外线投篮不能赢得比赛，而只有强有力的内线进攻一样不能赢得比赛。强有力的内线进攻可以为外线创造更多的投篮机会，反之亦然。纵切是最好的突破移动，可以吸引防守，创造外线投篮机会。如果防守不被吸引，纵切队员可以在内线获得非常好的进攻机会。但是切入的时机决定了切入移动的价值，不适时的切入不仅不能够创造得分机会，还会影响整个攻击的流畅性，破坏其他进攻机会。

第4条，传球原则。如果队员的基本功比较好，那么运用传球进攻比运球进攻更能够获得高命中率的投篮机会。传球比运球快，因此能使进攻总是比防守快一步。在比赛中，根据防守的移动，通过快速传球来转移球进行攻击是非常有效的。

第5条，强弱侧平衡原则。比赛中强侧进攻必须伴有一个平衡的弱侧进攻，其目的是促进强侧进攻的有效性，以及当强侧没有得分机会时，可以转移球到弱侧立即进行有效的进攻。如果弱侧进攻队员无所作为，那么他们的防守队员就可以去协防强侧，从而给强侧进攻增加困难。如果当球转移到弱侧，进攻队员不能立即进行有效的攻击，那么防守队员就有充分的时间进行调整，也给进攻增加了难度。

第6条，灵活性原则。一成不变的进攻战术路线不仅使进攻队员发挥不了他们的才能，而且很容易被预测。给予队员自由，教会队员根据防守的情况来变化进攻战术，使进攻更灵活、更不可预测、更有效，才能在比赛中获得主动权。

第7条，时机原则。流畅的进攻是每支球队追求的目标。队员要有足够的时间进行练习和磨合，才能够熟悉战术和技术要求、队友的习惯和偏好。传球时机、突破时机、掩护时机等都需要队员掌握好比赛的节奏。

第8条，平等机会原则。有的队员是天生的得分手，他们总是能在进攻中找到得分机会；有的队员防守能力强，但进攻机会出现时也能果断得分。这两种队员对于有效执行进攻都是必需的。有的球队在比赛中总是将球交给队中的1~2名得分手来进攻，很少将球交给其他队员处理，这样不但减少了进攻选择，变得很容易防守，而且对整个球队的团结性也是一种伤害。相反地，如果球队场上5个人都能得分，防守队员不能进行有效协防，则能够提高进攻的效率和队员的积极性。平等机会并不意味着每个队员都要有一样的场均得分，有的队员在场上的贡献也许更多的是传球、切入、掩护等为主要得分手创造得分机会，但是当球队需要他们得分的时候他们也要有能力得分。平等机会让队员融入球队中，让每个队员都能发挥自己的最大潜力来比赛。

第9条，篮板球平衡原则。球权的结束并不以一次投篮的出现而结束，而是以对手获得球权而结束，因此每次投篮出手后保证最大力量的进攻篮板球来延长球权是非常重要的。一般来说，进攻篮板包括3名队员冲向篮下冲抢篮板球，1名队员在罚球线附近负责中距离的篮板球和1名弧顶队员负责退守。平衡的冲抢进攻篮板球阵型能够获得更多的进攻篮板球，为球队赢得更多的进攻投篮机会，并且是高命中率的投篮机会。当对战球队的投篮命中率相同时，出手机会多的球队将会是赢家。平衡的冲抢进攻篮板球阵型还能够保证快速有效地转换到平衡的防守阵型。

第10条，攻守平衡原则。平衡的冲抢进攻篮板球阵型也是最好的退守阵型。当对手抢到防守篮板球发动反击时，一般都会以一传发动进攻，此时在罚球线附近负责中距离篮板球的队员就成为堵截一传的防守队员，而在弧顶负责退守的队员就快速退到篮下破坏直接快攻长传的机会，其他3名篮下队员迅速退回。[1]

这10条战术原则都是为了保证UCLA进攻战术体系的核心特点（高位策应进攻和平衡）而设定的。这10条战术原则分开看并不觉得有多么重要，但是如果每一条都做到了，这支球队将战无不胜[2]。当然，扎实的基本功是执行这些战术原则的先决条件，对细节的重视也是取得比赛胜利的一个重要因素。快速、及时、精准的传球，主动迎向球的接球，犀利的切入，正确的转身，熟练的控球，快速而准确的投篮，这些都需要在训练中反复强化，没有这些扎实的基本功，球队就不能够最大程度地发挥潜力。细节决定成败，往往一些不被人们注意的小细节的执行，在比赛中却成为胜负的关键。

约翰·伍登在 *UCLA Offense* 一书中写道："有人质疑我所用的进攻战术体系是否能够对付得了当今的综合防守战术体系，我非常肯定地回答可以。事实上，

---

[1]　WOODEN J, NATER S. John wooden's UCLA Offense[M]. Illinois: Human Kinetics, 2006.
[2]　同[1]。

我相信 UCLA 进攻战术体系可以应对我所见过的所有的现代防守战术，包括全场人盯人紧逼防守、1-3-1 区域夹击防守、1 盯 4 联防守、2 盯 3 联防守以及人盯人交换防守等。因为 UCLA 进攻战术体系是建立在永恒的有效进攻原则之上的，而这些原则是我刚提到的所有防守的最好解药。"[1]

6.2.2 普林斯顿进攻战术体系的 24 条战术原则

作为一名大学篮球队教练，皮特·卡里尔教练将整个进攻战术运行的要点总结成 24 条战术原则让队员牢记。这些具体的战术原则使队员能够在场上根据队友和防守的变化而变化，从而有效地进攻得分。

第 1 条，只有一个中锋是固定位置队员，其他队员扎实的基本功比位置更重要。

第 2 条，队员必须观察前一名队员的行动，这个行动指引了下一个行动。

第 3 条，队员在行动前必须观察防守。在很多情况下，队员的选择有：防守队员错位防守很凶，这时进攻队员就可以反跑；防守队员收缩防守，这时进攻队员就可以做运球掩护。防守基本上就是这样两种情况，因此进攻队员在运球时必须有能力快速做出反应。

第 4 条，切入队员必须有攻击性。他们应该直接切向篮下，并且将内侧手伸出来指引传球点，每次切入都要假设可以获得直接空当上篮的机会。切入的队员在切向篮下的过程中，至少看两次球，如果没有机会再从篮下往外撤出。

第 5 条，无球队员应该随时准备投篮，重心下降，手指朝上准备接球。在这样的准备姿势下，无球队员随时可以接球上篮或接球投三分球。无球队员应该随时注意自己的防守并移动寻找空当，如果没有反跑的机会就往前面移动获得投篮机会。

第 6 条，无球队员的移动必须坚决。阅读防守，根据防守的情况无球队员要果断穿插移动，一旦向篮下切入了，就必须切得凶狠，如果没机会就及时撤出为其他队员让出空间。

第 7 条，进攻队员要随时注意补位，也要注意移动的时机。

第 8 条，要提高掩护的质量。所有掩护发生时，进攻队员应该有身体接触，来保证掩护质量，掩护队员随时准备向外弹出接球投篮。

第9条，攻传切的球时，一般运用击地传球，传球的质量直接影响到投篮队员的成功率。击地传球的球非常低，球的落点在防守队员的身后，防守队员很难抢断和破坏。

第10条，普林斯顿进攻战术体系是一个"蓝领"[1]进攻，场上的5名队员必须一起合作。

第11条，场上队员必须有目的地运球。

第12条，普林斯顿进攻战术体系的优点是耐心和专注。在一次球权中，队员也许会跑4次战术落位。

第13条，普林斯顿进攻战术体系强调无私、基本配合和时机。这些就是这个战术体系的基石。

第14条，当与一支比自己身体条件好的球队比赛时，要拉空罚球线延长线以下区域，把对方的中锋队员调离篮下，摧毁对方篮下防守的优势。

第15条，有的时候也需要快攻。

第16条，反复练习是"学习之母"。

第17条，中锋队员必须是一个好的传球手。当他接球时，他的选择应该是得分—阅读防守—传球。

第18条，队员不能总是围着球跑，贪婪的队员才会一直想拿球。反向的切入是破坏防守攻击性的有效途径。

第19条，利用运球后突然的传球或者运球掩护来传球，避免"照相"传球。有的时候也要运用传球假动作，以获得高效的传球。

第20条，如果一名队员从弧顶纵切到篮下没有获得球，他就应该往强侧撤出。如果一名队员从翼侧反跑切入到篮下没有获得球，他就应该往他切入的方向撤出。

第21条，强侧的运球掩护相当于弱侧的下挂掩护。

第22条，强侧的前锋队员接到球的第一个任务是看能不能攻策应中锋球。

---

[1] 蓝领是一个西方传来的生活形态定义，这个概念是美国进入信息化时代时提出的。什么时间引用到篮球领域未知，在NBA中指工资较低，但是每一场都很拼命的悍将。在这里，主要是指着力于防守、篮板，为得分手掩护等默默付出的状态。

第 23 条，当球在翼侧，中锋队员要努力保持在球与篮筐的线上，争取要位接球。

第 24 条，同样的跑动不要连续重复两次，要想着变化 [1]。

皮特·卡里尔教练围绕他的战术理念，制定了非常细致的战术原则，对队员的移动时机和方法、移动路线和方向、传球的方法和时机、掩护的方法和时机等都提出了具体的要求，体现出了他的实用主义哲学思想。"反跑"能够成为普林斯顿进攻战术体系的标志性打法，与这 24 条战术原则是密不可分的，尤其是第 3 条和第 14 条战术原则。综合运用这 24 条战术原则，能够最大限度地拉空篮下，技术全面的中锋队员能够到高位进行策应，从而为其他队员创造反跑的机会。

笔者观察 2013—2014 赛季 NCAA 普林斯顿大学的比赛录像后，发现第 20 条战术原则已经有了比较大的出入，即更多的时候，从强侧切入的队员会从弱侧撤出，或在篮下稍微停顿，然后给高位的中锋做纵向的背掩护。

6.2.3　三角进攻战术体系的 7 条战术原则

三角进攻战术体系是以队员扎实的基本功和执行力为基础，阅读防守、伺机而动的进攻战术体系。为了使队员能够在统一的战术思想指导下有效地执行战术，泰克斯·温特定下了 7 条战术原则。

第 1 条，突破原则。篮球比赛是全场的比赛，是从场地的一端到另一端的比赛。因此，最好的突破就是快攻，队员必须突破攻击防守。

第 2 条，空间原则。队员之间在场上必须保持一定的距离，这样能够减少防守的夹击和协防机会，增加防守的难度。一般来说，高中球队建议队员之间保持 3.5~4.5 米的距离，大学球队建议队员之间保持 4.5~5.5 米的距离，NBA 的球队要求队员之间保持 4.5~6 米的距离。合理的距离不仅能够暴露防守的弱点，而且任何时候防守方试图夹击时，都会有 1 名队员得到空当投篮机会。

第 3 条，球和队员的移动原则。队员和球必须在场上有目的地移动。球迷和一些队员非常习惯地只看到有球队员的移动，而事实上无球队员有效的无球移动远比人们想象的重要得多。因为球场上有 5 名队员，却只有一个球，大部分的队

[1]　SHERIDAN D. Basketball's Princeton-style Offense[M]. England:Wish Publishing, 2008: 11-13.

员 80% 或者更多的时间是处于无球状态的。

第 4 条，持球队员的选择原则。如果持球队员有更多的进攻选择，那么他的成功率就更高。场上的无球队员都不断地移动使自己能够不受干扰地接到持球队员的传球，进攻成功的机会就会大大增加。

第 5 条，篮板球及攻守平衡原则。当进攻投篮时，队员要保证有足够的力量冲抢前场篮板，也要保证有足够的力量退守，阻止对手的快攻反击。

第 6 条，多元化的进攻角色原则。三角进攻战术体系要求队员可以胜任场上任何一个位置，使队员不受位置角色的约束，所有的位置都是可以互相交换的。

第 7 条，最大化个人天赋的原则。球队应该根据最好队员的天赋，为他来强调一些战术发动及执行，这并不否定前面的 6 条战术原则，乔丹就是最好的例子。[1]

将三角进攻战术体系发扬光大的菲尔·杰克逊界定了 7 条战术原则，分别是：第 1 条，持球队员必须兼顾突破、传球、投篮 3 种威胁以便突破防守；第 2 条，进攻区域必须涵盖整个半场；第 3 条，进攻队员之间要拉开空间；第 4 条，攻势应确定队员与队员是向同一目标（寻求空当或攻篮）迈进；第 5 条，每次投篮，其他队员应有进攻篮板、预防快攻的妥善布阵；第 6 条，每次传球的准备攻击，都会制造防守方无法兼顾的空当；第 7 条，进攻应针对队员特点来设计[2]。

泰克斯·温特和菲尔·杰克逊所界定的 7 条战术原则虽然字面上并不完全相同，但是其内涵基本上是一致的，强调了空间、突破、人和球的移动、平衡、位置模糊化及利用好队员个人天赋等。这些战术原则从根本上保证了队员在球场上不断构建三角这一理念的实施，对队员进攻角色的多元化要求更是保证了移动换位后构建的三角，依然保持最大攻击力。

6.2.4 移动进攻战术体系的三大基石战术原则和内外线战术原则

移动进攻战术体系的灵活性首先体现在教练的战术原则中，同样使用移动进

[1] WINTER T. The Triangle Offense[J]. FIBA Assist，2007（27）:8-22.
[2] FRANKY B.NBA编年史之1990—1993：公牛王朝（上）[EB/OL].（2015-08-17）[2016-01-03]. https://nbachina.qq.com/a/20150817/004397_3.htm.

攻战术体系，不同的教练、不同的球队，其战术执行也许完全不同。战术体系的运行要根据队员的实际情况采取不同的方法，例如5个外线打法、4外1内打法、3外2内打法、2外3内打法等。教练也需要根据队员的不同特点，制定适合本队的战术原则，从而给队员一个战术执行准则，让队员知道如何执行移动进攻战术。

鲍勃·奈特教练的移动进攻战术体系的基石是传球、切入和掩护。他对这三大基石有具体的战术原则。

传球的战术原则：球的落点要远离防守队员，而不是只考虑传给进攻队员（具体传球方法见附录A：1.传球的战术原则）。

切入的战术原则：在做切入时要根据防守方队员的位置来进行"V"切，一般来说都是从远离球的一侧向球切入（具体切入方法见附录A：2.切入的战术原则）。

掩护的战术原则：掩护者和被掩护者要互相合作才能做好掩护，掩护的角度是掩护质量的保证（具体掩护方法见附录A：3.掩护的战术原则）。

战术原则越多，就越限制队员的行动。鲍勃·奈特教练的移动进攻战术体系最常用的是3外2内的落位发动，结合了外线和内线。在他的移动进攻战术体系中，外线和内线也有具体的战术原则。

外线战术原则：（1）不能向同一个方向连续进行2次切入，这样可以避免3名队员同时聚集在一个很小的区域。（2）接到球后，面对篮筐数2秒再行动。在比赛中，经常在空当机会出现时，球已经不在最佳传球点了。接到球后数2秒观察一下队友，可以给无球队员时间来移动创造空当接球进攻的机会。当然，如果一个队员在接球的同时已经发现队友有空当投篮机会了，那么一定要毫不犹豫地直接传球助攻。（3）传球后就去找掩护。纵掩护在移动进攻战术体系中非常重要。当外线队员传球给外线队员转移球后，首先要做的是看一看底线有没有队友有机会可以去做纵掩护的。（4）队员之间始终保持4.5～5.5米的距离。外线队员之间保持4.5～5.5米的距离对于保持场上队员平衡是非常必要的，有利于移动和掩护，即使是轮转补位到外线也要遵守这个原则。（5）运球技术的运用。

进攻人盯人防守时，队员要尽量减少运球。运球主要有3个目的，即当防守全场紧逼时，运用运球来推进球；当有机会时可以运球直接突破上篮得分；运用运球来调整传球角度。（6）掩护的运用。外线队员必须遵守前面阐述的所有掩护原则。（7）高策应位置补位。任何时候，如果高策应位置空出来，队员应该尽快插上去补位。一般来说，这个补位队员会是另一名低策应位置的队员，但是如果低策应位置没有队员时，那么外线队员也可以横切到高策应位置进行补位。

内线战术原则：（1）中锋队员总是在策应区域活动。当中锋队员的支配球等能力不能够胜任外线进攻或者他在内线的攻击能力远比他去其他位置强时，就应该让他在靠近篮筐的策应区域活动。（2）每个队员都希望可以胜任策应位置。一般来说，会用较有优势的中锋队员来胜任内线位置，但是当队员的技术特点不是太明显时，所有的队员都可以胜任内外线，这样进攻就更灵活。（3）一般都在强侧进行高位策应。当队员在强侧高位进行策应时，如果没立即接到球，应停留2秒再进行其他的移动选择，即往强侧低位下顺，让其他人来补高策应位置，或向弱侧低位移动并给队友做掩护。如果这个队员没有被限制在策应区域，那么他可以给外线队员做背掩护，然后移动到外线补位。如果他在高策应位置接到球了，那么他应该马上持球面向篮筐，首先是看自己有没有机会直接进攻，其次观察队友切入篮下的情况，及时助攻。（4）低位策应一般都在弱侧。低策应位置可以接受来自弱侧外线和高位队友的纵掩护，也是最容易进行双掩护的位置，最容易利用掩护接球投篮得分（具体策应方法见附录A：4.低位策应一般都在弱侧）。（5）当球在高策应位置队员手中时，低位策应队员要切入篮下横要球，形成高低位打法。（6）当高策应位置空闲时要尽快填补。队员从弱侧插入高位空位时往往能够获得空位投篮机会或反跑得分机会。（7）低位背掩护。当强侧低位有机会时，队员要尽量攻球，获得篮下单打机会。如果低位接不到球，球转移时低位策应队员应立即向外移动给外线队员做背掩护，形成横掩护。

以上所有战术原则是鲍勃·奈特教练在他的执教生涯中一直贯彻执行的基本原则，但这并不是说所有的教练只能运用这些原则来执行移动进攻战术体系。鲍勃·奈特教练制定的这些战术原则保证了"移动、掩护"这一核心战术体系特点的实施更有层次性，确定了移动的时机、掩护的方法，保证了战术体系运行的有效性。

每个教练应该根据自己球队的不同情况，例如根据队员的个人特点、全队技术水平、理解能力等情况来制定自己的战术原则。必须牢记的是，越多的战术原则，就越限制移动进攻战术体系的灵活性，也越靠近既定战术体系。

6.2.5 小结

战术在比赛中是由人来完成的，如果队员们各行其是，系统论所倡导的"整体大于部分之和"的原理就不能够在进攻战术体系中体现出来。有了具体的战术原则，队员们就能够在这些具体的战术原则的指导下在战术体系内充分发挥自己的创造力，从而增加进攻的灵活性和有效发挥运动员天赋的可能性。

通过上述分析可以看出，教练们在总结归纳进攻战术体系的战术原则时非常细致。所有的战术原则均来源于他们对篮球客观规律的认识和总结，与各自的战术理念相辅相成，体现了战术体系核心的特点。

综观4种美国大学篮球经典进攻战术体系，空间原则、三角原则、强弱侧平衡原则、有目的地移动原则、突破原则、队员位置多元化原则等是它们共有的战术原则。这些都是篮球运动中"永恒的有效战术原则"。

战术原则是教练在探究客观存在的、总结了客观规律的基础上提出来的，因此战术原则是客观规律的反映。教练对篮球战术的客观规律认识得越深，结合个人执教球队的情况提出的战术原则越符合实际，实战中运用战术的效果才会越好。可见，战术原则是进攻战术体系得以顺利运行必须遵循的行动准则。

6.3 队员是执行进攻战术体系的主体

篮球运动是一项复杂的运动。队员是执行战术的主体，比赛中战术的执行需要场上5名队员的合作。队员的阵容配备与教练的战术理念、战术原则与战术方法有着密切的联系。

6.3.1　UCLA 进攻战术体系对中锋队员的依赖

UCLA 进攻战术体系还有另外一个名字，就是 UCLA 高位进攻战术体系。UCLA 高位进攻战术体系是由高位进攻战术系列和高低位进攻战术系列构成的。这些战术的实施都需要一名能传、能投，并具有非常强的一对一单打能力的中锋队员，或者其他具有较好高位策应能力的队员。最初，由于"3秒"限制区的出现，约翰·伍登教练创建了高位进攻战术体系，利用一名有天赋的中锋队员在高位接应球发动进攻。这样的目的是拉空限制区，如果球队有良好的控球和传球能力的中锋队员就可以战胜对手。后来，约翰·伍登教练为了能够充分发挥贾巴尔[1]的天赋，创建了高低位进攻战术系列（具体战术方法见 7.2.1）。多才多艺的天才中锋比尔·沃顿[2]的加入也证实了这个进攻战术体系的有效性。

优秀的中锋队员是 UCLA 进攻战术体系的发动轴心，是其核心特点的体现。其他位置的队员其全面的技术也是 UCLA 进攻战术体系得以成功的客观条件之一。

6.3.2　普林斯顿进攻战术体系中智慧型队员的体现

普林斯顿大学不能为队员提供奖学金，来到皮特·卡里尔教练麾下的队员起初都天赋平平，普林斯顿进攻战术体系也因此被称为"贫民"进攻战术体系。就是在这样的条件下，皮特·卡里尔教练要求队员们要有扎实的基本功，1、2、3、4 号位队员能互换，只有 5 号位队员是真正的位置队员，要有非常好的支配球、传球能力。

普林斯顿进攻战术体系是一个强调空切、掩护等的纪律鲜明的团队合作进攻战术体系，其精髓是"人动、球动、协调一致"。具有非常好的支配球、传球能力的中锋队员在高位的策应，能够拉空篮下，为其他身体条件不占优势但是头脑聪明的队员创造"反跑"的机会。

---

[1]　贾巴尔，绰号"天钩"，1966—1969年效力于加利福尼亚大学洛杉矶分校篮球队，一年级时由于联盟的相关规定没有参加比赛，后三年连续获得了NCAA总冠军奖杯，并且在1967年和1969年获得最佳运动员荣誉。1969年被密尔沃基鹿队选中，开始了他的NBA职业篮球生涯。

[2]　比尔·沃顿，1971—1974年效力于加利福尼亚大学洛杉矶分校篮球队，1972年和1973年率领球队赢得两座NCAA总冠军奖杯。1974年被波特兰开拓者队选中，开始了他的NBA职业篮球生涯。

6.3.3 三角进攻战术体系对低位单打能力突出队员的需求

三角进攻战术体系的关键是不断地构建三角。构建边路三角是该战术的主要方法（具体战术方法见 7.2.3）。

边路三角的构建需要一名有较强低位单打能力的队员。这名队员不仅能够强力低位进攻，而且能够吸引其他防守队员为队友创造得分机会。20 世纪 90 年代芝加哥公牛队连续夺得 NBA 总冠军的比尔·卡特莱特[1]，1999 年开始夺冠的洛杉矶湖人队沙奎尔·奥尼尔[2] 都是三角进攻战术体系中不可或缺的重要基石。

除了对中锋队员的能力要求以外，三角进攻战术体系要求所有队员具有扎实的基本功和超强的执行力。低位中锋位置的三角换位特点要求其他队员在低位也具有超强单打能力。迈克尔·乔丹和科比·布莱恩特的全面技术和禁区内的低位单打能力是公牛队和湖人队成功运用三角进攻战术体系的重要因素，这也是三角进攻战术体系战术原则中对队员进攻角色多元化要求的最好体现。

6.3.4 移动进攻战术体系对队员技术全面的要求

传球、切入和掩护是鲍勃·奈特教练移动进攻战术体系的三大基石，因此他也要求队员在这三个方面具有扎实的基本功。从收集到的鲍勃·奈特教练的教练讲习班视频资料里看，他特别注重掩护的质量和根据防守的应变（具体战术方法见 7.2.4）。

根据鲍勃·奈特教练阅读防守、不断地有目的地移动这一战术理念来推断，移动进攻战术体系应该需要有较好的体能，传球、切入、掩护三方面基本功扎实，在不同的位置上都有进攻威胁，并且具有非常好的观察能力的队员，从而实现不断地进行伴随掩护的移动，创造高效的得分机会的战术目的。鲍勃·奈特教练认为球场上只需要一名后卫来控制球，因此可以推断出，移动进攻战术体系需

---

[1] 比尔·卡特莱特，1988年加盟芝加哥公牛队，他的内线力度被视为20世纪80年代末至90年代初公牛队突飞猛进的隐形基石。

[2] 沙奎尔·奥尼尔，司职中锋，绰号"大鲨鱼"。1996—2004赛季一直效力于洛杉矶湖人队，获得过3枚NBA总冠军戒指。

要一名个人能力超强的后卫队员。

6.3.5　小结

从4种美国大学篮球经典进攻战术体系对队员的要求来看，虽然各有侧重，但都对队员的基本功有较高的要求。在笔者访谈的美国专家中，来自NBA的教练也好，来自NCAA一级联盟和二级联盟的教练也好，都表达了他们对队员基本功的重视。无论何种战术体系，队员扎实的基本功都是构建和执行进攻战术体系的基础。

UCLA进攻战术体系、普林斯顿进攻战术体系和三角进攻战术体系都对中锋队员提出了要求。随着篮球运动位置的模糊化，场上队员的角色不像以前那么固定了，但是"内外结合"的规律是不会改变的。历史不会重复，但是我们可以从历史的经验中看到不同能力中锋队员的不同战术，这是构建不同进攻战术体系的重要根据。高位策应的中锋队员更需要较好的传球能力和视野，而低位策应的中锋队员更强调低位单打和吸引防守的能力。

场上5名队员合理的阵容配备所达到的价值应该大于他们简单相加之和，他们之间的整体行为比个人行为的总和要复杂得多。队员之间相互配合，以达到相互支持和牵制其他对手的效果。可见，队员作为战术运行的主体，合理的阵容配备能够提高进攻战术体系的有效性。

6.4　本章小结

美国的一线教练根据比赛实践的需要，设计进攻战术，再通过实战去检验，构建进攻战术体系，并根据比赛实践的运用效果不断修正，最终形成以教练为代表的进攻战术体系。可见，教练在进攻战术体系得以稳定成形的过程中起着核心的主导作用。

整个进攻战术体系的运行都是教练进攻战术理念的体现。再好的战术理念和战术原则都需要落实到战术方法上，队员作为执行进攻战术的主体，合理的阵容配备尤为重要。教练需要根据进攻战术体系的需要来选择队员，也要根据队员的条件来调整进攻战术体系，从而发挥每一名队员的最大力量，使他们在一起能够相互支持和牵制对手，达到整体价值大于个体相加之和的效果。

美国的NCAA有着非常系统的规章制度，这个规章制度能够保证球队在选择队员过程中的公平性。NCAA完整的招生制度[1]，为教练和队员提供了互选机会，这是进攻战术体系能够创建和发展的有力保障。教练和队员可以互相了解其特点和战术打法，当队员的特点能够满足教练进攻战术体系的需求时，队员也能够更好地融入教练的进攻战术体系。

综上所述，教练及其战术理念、战术原则和阵容配备有机结合在一起才能够设计有效的战术方法及变化。

---

[1] 池建.美国大学竞技体育管理体系的研究[D].北京:北京体育大学，2003：53-57.

7 美国大学篮球经典进攻战术体系的战术方法及变化分析

　　篮球运动是从简单的规则和规律涌现出复杂事物的一个例子。经过 100 多年的探索，篮球运动从最简单的传球、运球、投篮和移动等进攻基本技术衍生出许多的进攻战术，并且还在不断地涌现出新的战术打法和规律。进攻基本技术（移动、传接球、投篮、运球、抢篮板球等技术）是组成战术的基础。[1] 我们可以说出组成进攻战术的所有进攻基本技术，但是我们很难描述进攻战术及由若干个可以相互转化的战术构成的进攻战术体系中所有可能发生的组合。

　　篮球进攻战术体系表明，我们必须抓住适合于所有进攻战术体系的核心特征。如果能抓住这些核心特征，我们就能够将其融合成一个指导我们探索进攻战术体系的理论框架。如果没有这样一个理论框架，我们的工作就只剩下分类，只是列出一大堆模型并标出它们的特征。收集无疑是有价值的，但如果我们想有条理地研究进攻战术体系，并期望能找到帮助我们认识和构建进攻战术体系的方法，这样一种理论框架是必不可少的。

　　UCLA 进攻战术体系、普林斯顿进攻战术体系、三角进攻战术体系和移动进攻战术体系的共性使我们将它们统一归类为经典进攻战术体系，但是它们又是独特而唯一的，从它们的命名中我们也看到了这一点。每个进攻战术体系都有复杂的细节特征，如传球、移动、掩护等不同的处理方式。我们想要认出它们，就必须能找出这些细节特征。

7.1　美国篮球比赛进攻形式的分析

　　根据美国协同科技 [2] 网站上的信息，笔者对 NCAA 2022—2023 赛季 4 强球队

[1]　郭永波.篮球运动教程[M].北京: 北京体育大学出版社，2005:11.
[2]　协同科技是美国的篮球付费公司，NCAA一级联盟、二级联盟、三级联盟几乎每支球队都使用这个网站。与协同科技签合同的球队在比赛完24小时内必须将比赛视频上传给协同科技，他们会在最短时间内将比赛切割、分析，形成大数据，供球队使用。

的进攻形式进行了分析（表7）。

如表7所示，4支球队平均阵地进攻次数占总进攻次数的82.73%，平均快攻次数占总进攻次数的17.27%，平均进攻紧逼次数占总进攻次数的8.49%. 可见，阵地进攻在NCAA联赛中的比重非常大。其中，4支球队平均进攻人盯人次数达到2264.75次，占阵地进攻次数的90.87%；平均进攻联防次数为225.25次，占阵地进攻次数的9.13%。NCAA联赛是本文所研究的4种美国大学篮球经典进攻战术体系的发源地。从上述分析中可以看出，NCAA联赛是以阵地进攻为主要形式，而阵地进攻又以进攻人盯人为主要形式，进攻联防占比较少。

表7 NCAA 2022—2023赛季4强球队的进攻形式

进攻形式及各自的比重	康涅狄格大学篮球队	圣地亚哥州立大学篮球队	迈阿密大学篮球队	佛罗里达大西洋大学篮球队	4支篮球队平均值
总进攻次数	3050	3002	2904	3084	3010
阵地进攻次数	2503	2578	2369	2510	2490
阵地进攻次数占总进攻次数的比重/%	82.07%	85.88%	81.58%	81.39%	82.73%
快攻次数	547	424	535	574	520
快攻次数占总进攻次数的比重/%	17.93%	14.12%	18.42%	18.61%	17.27%
进攻人盯人次数	2352	2446	2054	2207	2264.75
进攻人盯人次数占阵地进攻次数的比重/%	93.97%	94.88%	86.70%	87.93%	90.87%
进攻联防次数	151	132	315	303	225.25
进攻联防次数占阵地进攻次数的比重/%	6.03%	5.12%	13.30%	12.07%	9.13%
进攻全场紧逼	246	135	386	250	254.25
进攻紧逼次数占总进攻次数的比重/%	8.07%	4.50%	13.29%	8.11%	8.49%

注：迈阿密大学篮球队在NCAA2022—2023赛季共进行了37场比赛，其他3支球队各进行了39场比赛。

本书基本上按照NCAA联赛中进攻形式的比重由大到小的顺序对4种美国

大学篮球经典进攻战术体系的战术方法及变化进行研究和分析，顺序为进攻人盯人、进攻联防、进攻紧逼防守和快攻（因为在进攻紧逼防守的策略中包含了快攻的策略因素，所以将进攻紧逼防守先于快攻来进行分析）。

7.2　应对人盯人的策略分析

从表 7 中可以看出，阵地进攻人盯人是 NCAA 联赛中的主要进攻形式，因此美国的教练在设计进攻战术方法时都以进攻人盯人为主要战术形式。进攻战术方法是在教练的战术理念指导下，根据战术原则和队员的条件来设计变化的。通过对战术方法的分析，可以进一步了解 4 种美国大学篮球经典进攻战术体系不同教练的战术理念和战术原则，从而探索构建进攻战术体系的理论框架。

7.2.1　UCLA 进攻战术体系[1]

UCLA 进攻战术体系中阵地进攻人盯人的战术主要包括高位进攻战术系列和高低位进攻战术系列。

7.2.1.1 高位进攻战术 1：后卫导入—高位中锋进攻

基本战术：落位阵型 2-2-1，双后卫落位。2 摆脱要球，当 2 接到球时，5 迅速摆脱插罚球线，3、4 切入后弹出，或者底线交叉（图 5）。2 传球给 5，3、4 立即反跑切向篮下。强侧 4 的防守方队员如果协防 5，4 就会有很大的机会反跑得到上篮空当机会。1、2 同时向中间移动，但是不要靠 5 太近，避免防守方队员协防干扰 5，然后向两侧拉开，与前锋形成较好的三角空间。（图 6）

---

[1]　战术方法主要参考约翰·伍登、斯文·奈特编写的 *John wooden's UCLA Offense* 一书。战术图都是根据书上原有的战术图或者文字描述，运用 fastdraw 软件进行绘制的，目的在于更直观、清晰地了解战术的方法和变化。本章后面有关应对联防、应对紧逼防守及应对快攻的内容，还参考了约翰·伍登的教练讲习班视频和他的一些访谈视频。

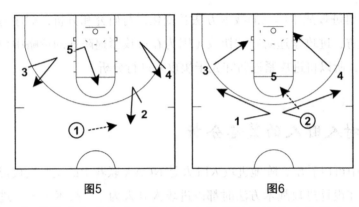

图5　　　　　　　　　　　图6

　　3反跑，如果没有空当机会，他可以在篮下转身要位卡住防守方队员，由5直接攻球进行内线单打。如果防守方队员抢占了上线，5传球给1，3卡住防守方队员接1的传球进行内线进攻（注意3转身的时机）。2、4注意移动牵制防守方队员。（图7、图8）同样的进攻方法可以发生在右侧，4反跑、篮下要位。

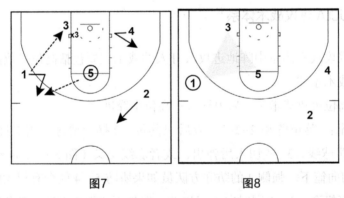

图7　　　　　　　　　　　图8

　　如果5传球给了1（或者2），就形成了1（或者2）在翼侧的4种传球或突破的进攻状态。这里以传球给1为例。

　　第一种（图9）：1攻球给低位要球的3，进行单打。如果5的防守方队员协防3，5则切向篮下。如果5没有获得直接空当上篮的机会就给4做下掩护，4向篮下移动把防守方队员带到掩护位置上，然后利用掩护切向罚球线夹角，寻找中投机会。1注意移动，如果防守方队员协防，3可以分球出来直接获得三分投篮的机会。2移动并退守第一线或转移球。

　　第二种（图10、图11）：×3如果绕前防守，1传球给4，由4攻球给3进行篮下单打。如果 ×5 协防，5 篮下横要位。4 也可以攻球给 5 进行篮下单打。

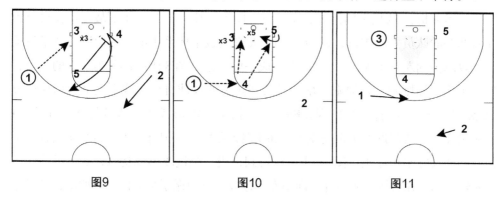

图9　　　　　　　　　图10　　　　　　　　　图11

第三种（图 12、图 13）：2 移动到弧顶接应球，1 传球给 2，5 提罚球线接 2 的传球，2 和 5 在新的强侧快速形成 2 对 2 进攻。4 下到分位线与 3 并在一起形成双掩护。1 传完球后切入篮下，在新的弱侧利用 3 和 4 的双掩护寻找空当。

第四种（图 14）：1 向弧顶运球，2 反跑切向篮下。如果有机会 1 可以直接传球给 2 上篮得分。4 下到分位线与 3 并在一起形成双掩护。5 溜底，利用 3 和 4 的双掩护寻找空当。

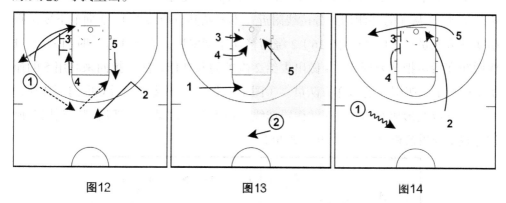

图12　　　　　　　　　图13　　　　　　　　　图14

在后卫导入—高位中锋进攻战术中，当后卫攻球给高位中锋后，两个后卫可以做向外围拉开、交叉后拉开、交叉后直接切入篮下等变化（具体战术方法见附件 B：1. UCLA 进攻战术体系高位进攻战术 1：后卫导入—高位中锋进攻变化）。当然他们并不是每次移动都做一样的选择。同样，前锋队员 3 和 4 也可以做反跑、交叉拉开、互相掩护或者为后卫做掩护等选择，也不一定两个人同时做相同的选择。

战术分析：从战术的落位和发动看（图5、图6），2-2-1的战术落位可以由左右两侧的队员发动进攻，遵循了 UCLA 进攻战术体系中的平衡原则。战术发动后，以球传到左侧1为例，1、3、5形成一侧三角，图8阴影部分为建立的三角，遵循了空间原则和三角原则，增加了持球队员的攻球机会。战术发动后出现得分机会（图11），不管机会出现在哪个点，篮下都能形成3名队员的篮下冲抢，1名队员在罚球线附近的中距离篮板球和1名弧顶队员的退守阵型，遵循了篮板球平衡原则和攻守平衡原则。图13中可以看到，当一侧进攻不成功时，队员迅速向另一侧转移球，在右侧的阴影部分即刻发动进攻，这遵循了强弱侧平衡原则，同时也保证了进攻篮板球和攻守平衡。每一次移动、传球和突破都讲究时机，每个位置的队员都有得分的机会。通过分析可以看出，高位进攻战术的设计与约翰·伍登教练的战术理念和战术原则密切相通，行为运作的表现特征正是教练战术理念在球场上的反映。

7.2.1.2 高位进攻战术2：后卫—后卫—前锋——外线绕切战术

基本战术：落位阵型2-2-1，双后卫落位。1传球给2，5提高位罚球线。2传球给4，2从4的外侧切到分位线附近（不要站到分位线上）。3向篮下要位吸引防守方队员。（图15、图16）2绕切移动速度要快，否则4持球时间太长。1摆脱防守后再把球要回来。4做出去给2掩护的假动作，然后折回来利用5的掩护切向篮下，吸引3的防守方队员。（图17、图18）5掩护完后立即向下移动，与2在分位线形成双掩护。3做往罚球线区域上提的假动作，然后溜底利用双掩护寻找空当投篮机会。（图19、图20）

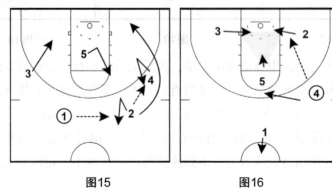

图15　　　　　　　　　图16

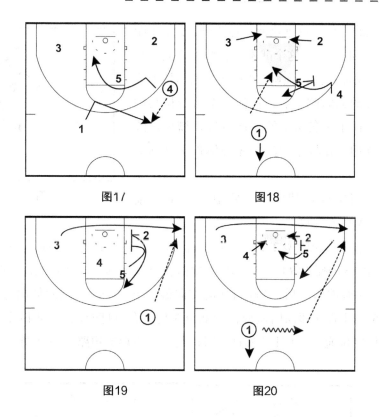

图17　　　　　图18

图19　　　　　图20

　　3 底线切出接球，如果没有投篮机会的话，那么 2 利用 5 的掩护到高位策应，与 5 和 3 形成强侧的三角进攻阵型。如果 3 投篮，那么 4、2、5 形成篮下的三角冲抢进攻篮板球阵型，1 成为第一退守队员。

　　当防守方队员致力于破坏基本进攻战术时，有很多其他的变化可以用来应对（具体战术方法见附录 B：2. UCLA 进攻战术体系高位进攻战术 2：后卫—后卫—前锋——外线绕切战术变化）。

　　战术分析：如图 16 所示，当 2 外跑有机会，4 传球给 2 进攻，篮下 3、5、2 形成阴影区域的三角冲抢进攻篮板球阵型，4 抢中距离篮板球，1 退守。如图 18 所示，如果 4 利用 5 的横掩护后切入有机会接球进攻，那么 3、4、2 在篮下形成阴影区域的三角冲抢进攻篮板球阵型，5 抢中距离篮板球，1 退守。如图 20 所示，如果战术一直运行到 3 利用底线双掩护切出要球投篮，那么篮下 4、5、2 形

成阴影区域的三角冲抢进攻篮板球阵型，3 抢中距
离篮板球，1 退守。在这个战术中，队员之间的空
间原则、三角原则都被强调。4 利用 5 的横切形成
了对防守方的强弱侧牵制，任何一个得分机会的
出现，都保证了 3 名队员篮下冲抢进攻篮板球阵
型和退守阵型。在战术方法中充分体现了平衡原
则。

图21

7.2.1.3 高位进攻战术 3：后卫—后卫—前
锋——UCLA 切入进攻

基本战术：落位阵型 2-2-1，双后卫落位。1 传球给 2。5 上提罚球线。2 传球
给 4 后，利用 5 的掩护纵切。3 要在弱侧保持移动来牵制防守方队员。（图 21）

2 利用 5 掩护切入后，5 随着 2 的方向假切下顺一下，然后伸出外侧手接 4
的传球。5 拿球后立即面向篮板，看低位 3 是否有单打的机会。4 传完球后立即
移动给 2 做定位掩护。1 注意移动，可以与 3 和 5 形成边路三角阵型。（图 22、
图 23）

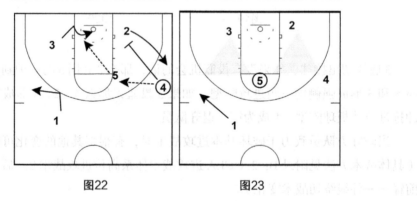

图22   图23

如果 4 不能将球顺利地传给高位的 5，那么 1 摆脱接球，与 3 形成一侧 2 对
2 进攻。5 和 4 快速移动至分位线附近为 2 做定位双掩护。（图 24、图 25）

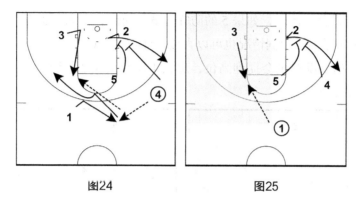

图24   图25

根据球员的个人能力和防守方的情况，战术能够进行相应的变化（具体变化见附件 B：3. UCLA 进攻战术体系高位进攻战术 3：后卫—后卫—前锋——UCLA 切入进攻变化）。

战术分析：纵向切入是 UCLA 进攻战术体系中不可或缺的元素之一（图22）。2 在罚球线区域利用 5 的掩护纵切遵循了纵向穿插跑动原则。这一移动不但可以为纵切队员创造绝佳的空当上篮机会，也能够最大程度吸引其他防守方队员对腹地的收缩保护，从而为其他队员的投篮创造时机。如图 22、图 23 所示，中锋高位策应后，左右两侧都可以与一名低位队员和翼侧队员形成三角进攻阵型，保证了战术的灵活性。如图 24、图 25 所示，当一侧进攻不成时，回球给弧顶队员转移球，可以即刻在左侧形成有效的 2 对 2 进攻，同时右侧保持双掩护的进行，既遵循强弱侧平衡的原则，也起到了牵制无球防守方队员的作用。

以上介绍的是 UCLA 进攻战术体系中的高位进攻战术的 3 种基本战术方法。战术利用中锋在高位的策应，主要运用了无球队员的横切和纵切、下掩护、双人定位掩护和转移球后的一侧 2 对 2 进攻，任何一个进攻投篮都能够保证内线三角冲抢进攻篮板球的争抢位置和退守的平衡。

当贾巴尔加入加利福尼亚大学洛杉矶分校的篮球队时，由于他出色的低位进攻能力，约翰·伍登教练队对原有的高位进攻战术进行了调整，设计创造了高低位进攻战术。高低位进攻战术与高位进攻战术相互融合，成就了 UCLA 进攻战术体系。

7.2.1.4 高低位进攻战术 1：后卫—高位策应战术

基本战术：1 传球给 2，2 向 4 的方向运球，4 可以反跑，如果有机会 2 直接传球给4上篮得分。此时，如果5的防守方队员协防，那么5也有直接在限制区内篮下要位的机会。2根据情况也可以直接攻球给5。（图26）

4反跑后如果没有机会提到高位，那么1摆脱接应2的回传球，形成1-3-1落位阵型（图27）。

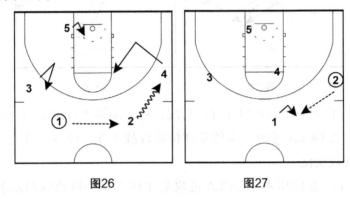

图26   图27

1传球给高位策应的4，此时具有超强低位进攻能力的5在低位直接要位（图28）。如果4不能直接攻球给5，可以通过3攻球给5。2和3要移动来牵制防守方队员。

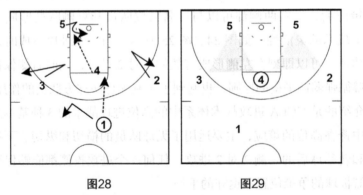

图28   图29

5篮下要位，如果没有机会的话，那么4可以传球给2或者3（图29）。4传球给2，5直接溜底在低位要球，4传完球后向下移动给3做定位掩护，1保持移动牵制防守方队员（图30）。当2持球在右翼侧，5低位要球，4在高位罚球线，3在弱侧低位，1落弧顶，就形成了4种传球或突破的进攻状态（图31），与UCLA进攻战术体系高位进攻战术相连。

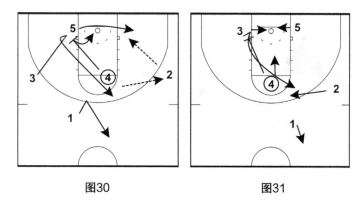

图30　　　　　　　　　　　图31

这个进攻战术的关键是 4 在高位接到球，与 5 形成高低位来发动战术。如果防守方队员破坏 4 的高位接球，那么球可以转移到翼侧来进行变化（具体变化方式见附件 B：4. UCLA 进攻战术体系中高低位进攻战术 1：后卫—高位策应战术变化）。

战术分析：高低位进攻战术的目的是要形成中锋的一上一下阵型。此战术在推进发动阶段还是以 2-2-1 的形式开始，这样的发动有利于根据防守方的情况进行进攻，因为防守方很难同时在两侧进行错位切断传球。如图 29 所示，当球攻到高位 4 后，根据 5 的位置，可以形成一侧的三角，从而发挥低位中锋的巨大优势。如图 30、图 31 所示，2、5、4 或者 3、5、4 形成了一侧的三角，无论谁进攻，都可以形成篮下三名队员冲抢篮板球，一名队员抢中距离篮板球，一名队员退守的阵型，保证了前场篮板球的争抢和退守的平衡。

7.2.1.5 高低位进攻战术 2：后卫—前锋战术

基本战术：1 传球给 2，2 向 4 的方向运球，4 可以反跑，若 4 反跑后没有机会则提到高位，即形成 1-3-1 进攻阵型（图 32）。1 可以立即利用 4 的上提移动纵切，形成 UCLA 切入；或者 1 可以接 2 的回传球，再传回给 2，形成 UCLA 纵切。

4 掩护完向下移动一步，然后向外移动在罚球线附近接 2 的传球，5 直接在篮下卡位要球，4 和 5 形成内线高低位。4 可以直接攻球给 5，或者传球给 3，5 卡住防守方队员后，3 再攻球给 5（图 33）。

4 传球给 3 后，立即向篮下切入，如果 4 的防守方队员协防 5，那么 3 就可以直接传球给 4 篮下得分。如果没机会，4 给低位的 1 做无球掩护，1 插高位罚球线。

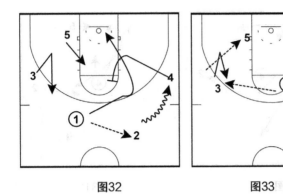

图32   图33

另外，在完成 UCLA 切入后，4 在高位接到球，如果 4 不能传球给左侧的 3，那么 2 向下移动给 1 做无球掩护，1 利用掩护切到外线接 4 的传球，有机会可以直接投篮；4 传球后向篮下切入，如果没有机会就给 5 做低位掩护，5 利用掩护篮下要球攻击（图34）。更多的变化见附录 B：5. UCLA 进攻战术体系高低位进攻战术 2：后卫—前锋战术变化。

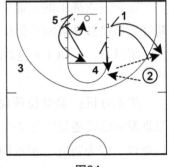

图34

战术分析：后卫—前锋战术是高低位进攻战术与高位策应战术的有机结合，在 UCLA 纵切的基础上，更好地利用 5 的低位单打优势。高低位进攻战术主要运用了高位策应、低位单打、纵切、下掩护等进攻形式，保证了三角进攻篮板球的争抢和退守的平衡。

通过进攻人盯人战术的分析，可以看到 UCLA 进攻战术体系主要以双后卫落位阵型发动进攻，保证了战术双侧发动的灵活性，遵循了平衡原则。其主要运用无球队员的横切和纵切、下掩护、双人定位掩护和转移球后的一侧有球 2 对 2 进攻、高位策应、低位单打等进攻形式，当球在任何一侧的翼侧时，进攻都可以转化进入 4 种传球及运球的进攻状态。这是由 UCLA 进攻战术体系的战术理念和战术原则，以及战术发动的形式造就的状态。球在 45° 角时，其他 4 名队员分别会在强侧低位、弱侧低位、高位和弧顶，不但能够保证进攻战术的流畅进行，而且能够保障进攻篮板球和退守的平衡。UCLA 进攻战术体系的高位策应和平衡原则在基本战术配合中体现无遗，10条战术原则也始终贯穿于战术方法的设计和变化，体现了教练的战术理念在战术体系中的纲领性地位。

7.2.2 普林斯顿进攻战术体系 [1]

普林斯顿进攻战术体系主要包括中锋高位策应战术系列、中锋低位策应战术系列和下颚战术系列。

7.2.2.1 中锋高位策应战术系列

普林斯顿进攻战术体系的特点是由中锋作为整个球队的进攻轴心。将球交到中锋手中是此战术体系的核心。有能力的球队或者在可能的情况下，球队可以在推进的过程中，直接由中锋在罚球线策应接球。

基本战术：后卫推进球，4跟进，其他队员落位如图35所示。到前场后，4切入篮下，与5进行交叉跑动，形成动态掩护，1可以轻松地将球传给高位策应的5（图36）。这种情况要求5的初始落位和1在同一侧，这样1能够有比较大的空间运球调整，有更好的角度攻球。

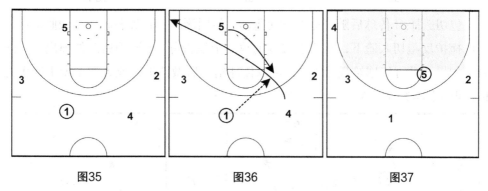

图35　　　　　　　　图36　　　　　　　　图37

当球顺利传给高位策应的5后，4从底线切出到底角。这时1有拉开（away）、

[1] 战术方法主要参考德里克·谢里丹教练编写的 *Basketball's Princeton-style Offense* 一书。战术图都是根据书上原有的战术图或者文字描述，运用fastdraw软件进行绘制的，目的在于更直观、清晰地了解战术的方法和变化。本章后面有关应对联防、应对紧逼防守及应对快攻的内容，还参考了皮特·卡里尔教练、吉米·安吉利教练的战术讲解视频和普林斯顿大学2013—2014赛季比赛录像。

包切（follow or over）、纵切（through or under）[1]3 种选择（图 37）。

拉开选择：之所以命名为"拉开"，因为 1 传球后是朝远离球的方向移动。当 1 传球给 5 后，应该快速向远离 5 的弱侧跑动，给 3 做无球掩护。此时的 3 应该做向外移动的假动作，将防守方队员带到高一点的位置，然后突然反方向全力朝篮下切入，并高举内侧手，示意中锋，有机会接 5 的攻球上篮得分。（图 38）1 掩护后向外弹出，如果 5 没有传球给 3，可以传球给 1 后做挡拆或者手递手掩护（图 39、图 40）。5 也可以选择和同侧的 2 进行二对二进攻。

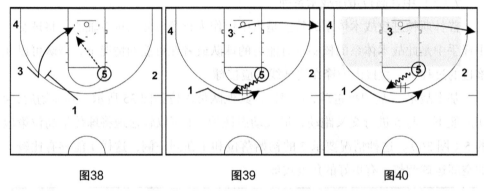

图38   图39   图40

包切选择：1 传球后随着球的方向跑动，给同侧的 2 做无球掩护。2 做假动作，利用掩护反跑切入篮下，有机会接 5 的攻球上篮得分。1 掩护后向外弹出。（图 41）如果 5 没有传球给反跑的 2，可以传球给 1 后做挡拆，或者和 1 做手递手掩护挡拆（图 42、图 43）。

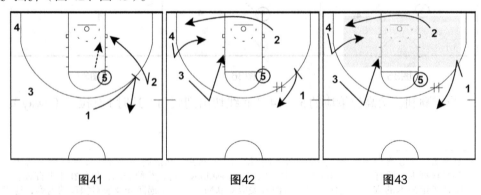

图41   图42   图43

---

[1] 在不同版本普林斯顿进攻战术体系的英文材料中，用了不同的英文词汇，但其中文意是相同的。

纵切选择：1传球后可以往任何一侧移动，以假动作做掩护，突然改变方向反跑纵切入篮下，有机会接5的攻球上篮得分（图44）。1突然改变方向主要是因为有的时候防守方队员预测1会去翼侧做掩护，所以提前准备好换防或者其他策略。1反跑后如果没有机会可以从底线溜出。5可以传球给任意一边的前锋，进行两人在弧顶的进攻。图45为5和3做弧顶的手递手掩护。

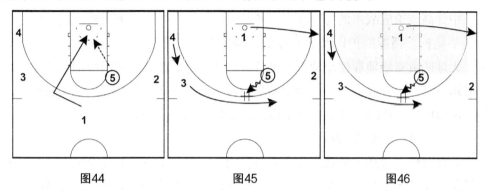

图44   图45   图46

战术分析：中锋高位策应战术的初始落位是2-2-1阵型（图35），看似和UCLA进攻战术体系的落位相同，但其目的完全不同。它并不是双后卫的落位阵型，在弧顶的是1和4。它的目的是让4与5形成动态掩护，保证5在高位的接球，从而达到拉空篮下的目的。从图37中可以看出，阴影部分有巨大的进攻空间，这就是普林斯顿进攻战术体系的核心理念，即拉空篮下，让队员可以运用智慧去进行"反跑"，创造得分机会。当球传给5高位策应后，1的移动决定了其他位置队员的移动，贯彻了战术原则中"队员必须观察前一名队员的行动"这一原则。如图40、图43、图46的阴影部分所示，不管1如何移动，篮下都有巨大的为任何一名队员提供反跑得分的空间。无球队员根据防守方队员的策略，可以做反跑或向外包切。这条战术原则是整个战术体系得以运行的保障性准则，也决定了普林斯顿进攻战术体系中每个队员都要有较好的三分远投能力，包括中锋在内。

反跑是普林斯顿进攻战术体系的核心精髓。但是当防守方有意识地破坏反跑，缩小防守区域保护限制区时，进攻队员就要根据防守方的变化来进行变化（具体变化方法见附录B：6.普林斯顿进攻战术体系中锋高位策应战术系列之变化中的变化 1 ~ 3)。

在现代篮球比赛中，每个球队在交手前，都会对对方进行非常细致的分析，尤其是进攻战术体系。大多数时候，防守方会破坏罚球线的接球，因此就需要有多种准备方式来发动战术（具体变化方法见附录 B：6. 普林斯顿进攻战术体系中锋高位策应战术系列之变化中的变化 4 ~ 5)。

中锋高位策应战术的每个环节都非常灵活。这个战术系列主要运用了反跑、手递手掩护、挡拆掩护以及远离球的无球掩护等进攻形式。在战术原则的指导下，无球队员有序地穿插跑动，并坚持每次移动都做相反方向的假动作移动，每次反跑不管有没有机会队员都会全速穿插移动，给防守方队员造成巨大的压力，从而使得向外移动的手递手掩护能够获得最大可能的远投机会。

7.2.2.2 中锋低位策应战术系列

普林斯顿进攻战术体系弱化个人单打能力，但并不意味着放弃个人单打。中锋低位策应战术则是中锋在低位要球进行单打，吸引防守方队员，同时可以为其他穿插的队友创造空当得分的机会。

让球到达翼侧前锋位置是发动中锋低位策应战术的重要环节。多种方式发动能够应对球队在比赛中遇到的各种状况。

基本战术：控球后卫将球推进到前场后，尽快将球传给在翼侧的 3（传球技术最好的场上队员），3 摆脱到罚球线的延长线接球（图 47）。3 摆脱接球的时机和接球的点都非常重要。如果 3 被错位防守，1 立即传球给 2，4 摆脱接球。因为球从强侧突然转移到弱侧，所以 4 能够轻松地在罚球线的延长线接到球。可见，战术的发动可以在场地的任意一侧。

图47

以 3 接到球为例，1 传球给 3 后，向篮下纵切，如果有机会就要球上篮，如果没有机会就向弱侧底角切出。5 低位策应，3 攻球给 5 后有 3 个选择，即反跑直接切入篮下、沉底角和给 2 做无球掩护。

选择 1：反跑直接切入篮下。如果防守方队员 ×3 进行协防，3 可以反跑直接切入篮下或者沉底角要 5 的传球投篮得分（图 48、图 49）。

选择 2：沉底角。当 2 看到 3 沉底角，就给 4 做无球掩护。4 先向外移动把防守方队员带到外侧位置后，突然反跑切入篮下并伸出内侧手示意持球队员。2 掩护完后弹出到弧顶。如果都没有机会，5 可以篮下背打，或将球分出到翼侧或弧顶，重新再次组织进攻。（图 50）

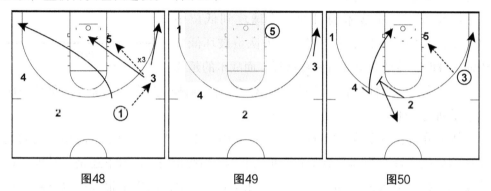

图48　　　　　　　图49　　　　　　　图50

选择 3：给 2 做无球掩护。如果防守方队员收缩防止 3 反跑，那么 3 可以跑去给 2 做无球掩护。此时，进攻队员根据防守方的情况可以选择不同的进攻方式。3 可以正常给 2 做无球掩护，2 利用掩护向外侧移动到翼侧，有机会可以接 5 的分球投篮或者突破（图 51）；3 根据防守方的情况可以拆开直接切入篮下要球得分或者弹出到弧顶。如果防守方队员 ×2 抢上线破坏，2 可以直接反跑切入篮下，要 5 的传球上篮得分（图 52）。

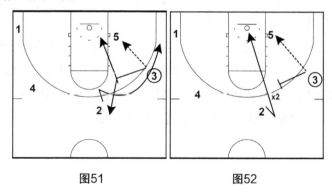

图51　　　　　　　图52

如果5接到球后，3给2做无球掩护的同时，5发现弱侧防守方队员收缩意图夹击他，那么5就要考虑吸引防守后把球分出去。通常情况下，4将是被忽略防守的最佳分球点（图53）。但是这个传球必须在训练中反复练习，否则很容易传球失误。

图53

中锋低位策应战术的目的是将球攻到低位中锋，发挥其低位单打能力。当防守方队员破坏低位中锋接球时，持球队员3有两种选择，而战术的延续也将随之变化（具体变化方法见附录B：7.普林斯顿进攻战术体系中锋低位策应战术系列之变化）。

战术分析：中锋低位策应战术系列采用了2-2-1双后卫落位阵型，目的是攻球给低位中锋。当球攻到低位5时（图49阴影部分），篮下还是为其他队员的反跑保持了巨大的空间。在接下来的战术延续中，出现了很多可以反跑的进攻选择。

中锋低位策应战术系列主要运用了低位策应、反跑、远离球的掩护、手递手掩护、挡拆掩护等进攻形式。

7.2.2.3 下颚战术系列

之所以命名为"下颚战术"的原因：一是后卫队员通过摸下颚这个手势来通知大家发动战术；二是因为中锋队员在高位做掩护，所有的队员都利用他的掩护向篮下切入，形状上像一个下颚。

基本战术：1推进球后，将球传给后卫2，2与4做运球手递手掩护，同时1给3做无球掩护（图54）。4接球后往弧顶运球，传球给利用掩护移动出来的3，3转移球给翼侧的1。此时，4利用5的高位掩护切入篮下（图55），如果有机会就要1的传球上篮得分，如果没有机会则溜底到底角。

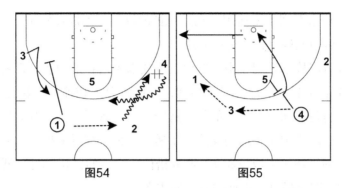

图54   图55

3 传球给 1 后，也利用 5 的高位掩护纵切向篮下。如果有机会，1 可以吊球到篮下给 3 上篮得分；如果没有机会，1 向外运球，与此同时，2 全速向外移动，接 1 的传球（图56）。2 移动的时机和速度非常重要，需要突然启动来摆脱防守方队员才能顺利接到 1 的传球。2 接球后再传球给从底线溜出并补位翼侧的 3，3 接球的瞬间，1 也利用 5 的高位掩护切向篮下，3 有机会可以吊给 1 直接上篮得分（图57）。

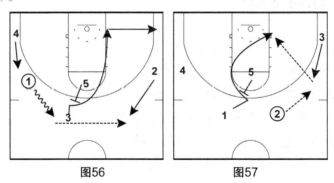

图56   图57

战术分析：战术落位采用了 2-3 高位落位阵型，从图 54 可以看到，整个篮下被拉空。图 55 -图 57 显示，外线队员利用中锋高位的掩护向篮下的纵切具有非常大的操作空间。循环不断地纵切篮下，给防守方队员非常大的压力，一不小心就会造成防守方队员的错位防守[1]。进攻不但可以通过利用掩护获得篮下的空当上篮机会，而且可以通过移动造成防守方队员的错位防守而在篮下进行以大打小

---

[1] 这里的错位指身体位置上的错误对位防守。

的进攻。这个战术系列主要运用了利用掩护的纵切（形成反跑）、手递手掩护、形成错位防守后的低位单打等进攻形式。

中锋高位策应战术系列、中锋低位策应战术系列和下颚战术系列是普林斯顿进攻战术体系的 3 个主要进攻战术系列，它们可以互相连接、转化。24 条战术原则让队员们清楚地知道每个人的行动选择，拉空篮下进行反跑的战术理念贯穿整个战术体系。进攻中主要运用反跑、手递手掩护、挡拆掩护、远离球的无球掩护、利用掩护的纵切（形成反跑）、形成错位防守后的低位单打、低位策应等进攻形式，其中反跑是最具标志性的进攻形式之一。

普林斯顿进攻战术体系对中锋的要求相对来说比较高，有很多时候是由中锋与外线进行手递手掩护配合或挡拆配合来延续进行的。因此，一个技术全面的中锋队员与聪明的外线队员通过战术跑动进行挡拆配合也是普林斯顿进攻战术体系的一个重要特点，而且其变化会更多。

7.2.3　三角进攻战术体系 [1]

三角进攻战术体系对队员之间的空间距离要求比较高。一般来说，高中球队建议队员之间保持 3.5 ~ 4.5 米的距离，大学球队建议队员之间保持 4.5 ~ 5.5 米的距离，NBA 要求队员之间保持 4.5 ~ 6 米的距离。适当的球员间距不仅可以给持球队员足够的空间进行单打，降低协防和包夹的可能性，而且能够让球有效地在进攻球员之间传递，降低被抢断的可能性。图 58 是美国大学球队三角进攻基本落位及间隔距离示意图 [2]。

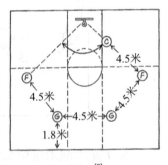

图58[2]

---

[1] 战术方法主要参考泰克斯·温特编写的 *The Triple-post Offense*，唐·凯尔克编写的 *How to Run the Triangle Offense* 等书。战术图都是根据书上原有的战术图或者文字描述，运用fastdraw软件进行绘制的，目的在于更直观、清晰地了解战术的方法和变化。本章后面有关应对联防、应对紧逼防守及应对快攻的内容，还参考了泰克斯·温特教练的教练讲习班视频和菲尔·杰克逊的访谈节目 In my own words:The Triangle Offense。

[2] WINTER T. The Triple-post Offense[M].Manhattan: Ag Press, 1997:5.

　　三角进攻战术在推进前场时一般都保持图58所示的双后卫阵型。无球的后卫会稍微拖后一点，在进攻紧逼防守时，可以确保转移球。后卫将球传递到弱翼侧前锋位置来发动进攻，左右两边都可以发动进攻。

　　三角进攻战术体系主要包括了边路三角战术系列、后卫包切战术系列、后卫掩护战术系列和强侧传切战术系列。

7.2.3.1 边路三角战术系列

　　当球到达翼侧前锋位置后，后卫队员将切向强侧底角，形成著名的边路三角进攻。如图59所示，右侧边路3名队员落位和空间距离的形成，赋予了"三角进攻"这一名号：一名翼侧前锋队员（进攻一般由这名队员发动，他的行动决定了后续队员的选择）、底角的后卫队员和低位策应的中锋队员，形成了著名的"边路三角"；另一名前锋队员在弱侧的翼侧区域、一名负责退守的后卫队员在弧顶构成了弱侧的2对2进攻。在比赛中，球和队员在场上不断地移动，不断地填补这5个位置。队员根据防守的变化进行应变，在此过程中寻找防守的弱点和漏洞进行攻击得分。

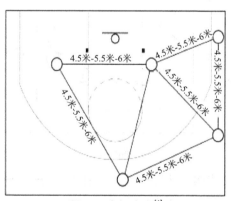

4.5米-5.5米-6米
4.5米-5.5米-6米
4.5米-5.5米-6米
4.5米-5.5米-6米
4.5米-5.5米-6米

图59 5点示意图[1]

　　根据比赛的需要，边路三角战术有许多发动方式。可以说，任何的传球或者运球都可以启动三角进攻，这样就加大了防守方破坏三角进攻的难度。不同的球队根据队员的不同配备会有不同的偏好，而在比赛中的战术发动还是要根据防守

[1]　WINTER T. The Triangle Offense[J]. FIBA Assist, 2007（27）：8-22.

的部署来进行。

第一种，通过传球来构建边路三角，即通过控卫内切、控卫外切和锋位切入形成边路三角。

控卫内切。后卫传球到翼侧前锋，然后纵切到强侧底角，与翼侧前锋、低位中锋形成强侧边路三角进攻阵型。1传球给3后切至强侧底角，1、3、5形成强侧边路三角进攻，2和4形成弱侧2对2进攻，2成为最后一线退守队员（图60）。

控卫外切。根据防守的情况，当1传球给3后，如果防守方队员占据了1内切的线路，那么1就可以绕着3做外切至底角（图61）。在此过程中，1根据防守方队员的情况可以直接切入篮下获得得分机会，如果没机会再拉到底角，仍然形成1、3、5的边路三角。

锋位切入。根据防守方队员的布阵及进攻方的人员配置，弱侧锋位队员可以直接切至强侧底角，与强侧前锋、低位中锋形成三角进攻阵型（图62）。

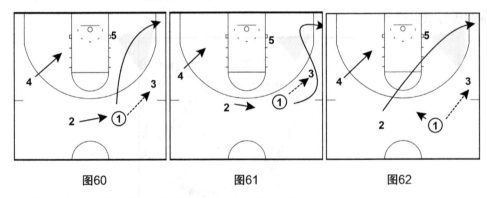

图60　　　　　　　　图61　　　　　　　　图62

第二种，运球至翼侧构建边路三角。在比赛中，根据场上队员的分布及平衡原则，如果防守方破坏了后卫传给翼侧前锋的线路，那么后卫可以直接运球推进到45°角的翼侧，前锋落位到强侧底角，此时在翼侧的后卫、底角的前锋和低位中锋形成边路三角。1运球至前场45°角的翼侧，3直接落位到强侧底角，1、3、5形成边路三角（图63）。

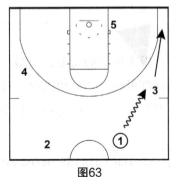

图63

第三种，内线外移构建边路三角。在比赛中，当任何一名队员在对位上有优势时，内线队员可以外移，将篮下位置腾空给具有对位优势的队员进行单打。5外移到底角，具有单打优势的队员可以通过移动，在低位要球进行单打（图64～图67）。

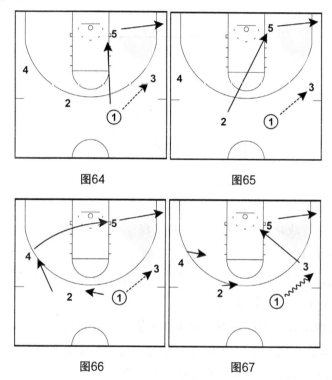

图64   图65

图66   图67

第四种，后卫间回传球构建边路三角。当翼侧前锋的防守方队员进行错位防守、切断后卫传球给3的路线时，控球后卫可以选择将球回传给稍拖后一点的另一个后卫2，此时的防守很难快速移动轮转后再去错位防守另一侧的翼侧，因此4外弹，成为新的翼侧前锋，可以非常轻易地接到球，1纵切到强侧底角，5溜底到强侧低位，1、4、5形成另一边的边路三角（图68）。

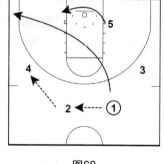

图68

战术首选从右侧发动，如果防守方进行破坏，战术也可以转移到左侧发动（具体战术变化见附件 B：8. 三角进攻战术体系边路三角战术系列变化）。

以 1、3、5 在右侧构建边路三角为例。当 3 在翼侧持球时，其他队员就落位成经典的三角阵型，3 有 4 种传球选择（图 69）。在三角进攻战术体系中将 3 的传球称为"第二传"[1]。

图69[2]

当 3 在翼侧持球时，可以有以下 4 种选择。

第一，攻球给低位中锋。3 传球给低位要球的 5，然后从底线切走，1 紧随其后从上线切走，在行进间形成交叉掩护（图 70）。如果防守方队员协防 5 或者迟疑，5 可以传给 1 或者 3 空当上篮。

第二，传球给在底角的后卫。如果 3 不能顺利攻球给 5，可以传球给底角的 1，由 1 再攻球给 5（图 71）。1 传球后先动，与 3 形成交叉切入篮下，5 观察防守方队员的情况，如果出现机会可以传球给 1 或者 3 空当上篮。

第三，回传给弧顶后卫转移球。如果 1 和 3 的防守方队员都收缩防守，不让他们攻球给 5，那么进攻就需要转移了。2 摆脱接应 3 的传球，4 上提罚球线，2 攻球给 4，2 与 4 形成新的强侧 2 对 2 进攻，3 和 1 仍然进行交叉移动牵制防守方队员并寻找空当（图 72）。

第四，弱侧前锋插罚球线要球。如果后卫 2 被错位防守了，那么 4 可以直接插罚球线接 3 的传球，2 向篮下反跑（图 73）。如果 2 没有反跑机会，4 在高位可以

[1]　一般来说，后卫队员发动进攻后第一传给翼侧的3，然后3将执行第二传，因此我们把3的选择称为"第二传"。

[2]　WINTER T. The Triangle Offense[J]. FIBA Assist, 2007（27）：8-22.

突破、投篮，或者 1 与 3 交叉移动后再与 4 做手递手掩护，获得进攻机会。

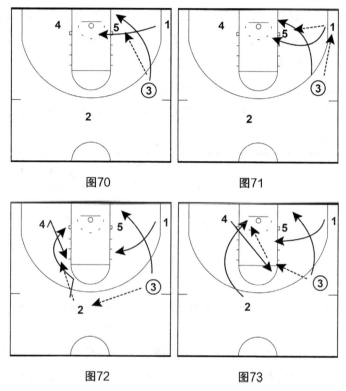

图70   图71

图72   图73

战术分析：三角进攻战术体系的核心理念是不断地构建三角。在边路三角战术方法中，教练设计了多种构建三角的方法，每个三角的构建都遵循空间原则。在战术的运行中，始终遵循战术体系的 7 条战术原则。第二传的传球选择或者突破决定了后续的进攻，经过训练的队员能够根据前一名队员的选择和防守方队员的反应来决定自己的行动。三角进攻战术体系不需要既定的战术配合，完全由队员根据场上球的位置、防守方的位置和队友的情况来决定自己的下一步行动。4 和 5 的位置在比赛中是可以互换的，胜负的关键取决于球队中这两名队员的个人能力和天赋。

边路三角战术系列主要运用了低位策应、传切、无球队员的交叉掩护、强弱侧转移后的一侧 2 对 2 进攻等进攻形式。

7.2.3.2 后卫包切战术系列

基本战术：1传球给3后向外切，5向罚球线移动，3与1形成边路的手递手掩护（图59）。1根据防守方队员的情况，可以接3的传球投篮、突破跳投，或者攻球给传完球立即下顺的3获得空当上篮机会。

3下顺，如果没有机会就继续穿过限制区到弱侧。5到低位要球，1攻球给5，传完球后切走（图75）。如果防守方队员协防5，5可以传球给1空当上篮，或者在低位进行单打。

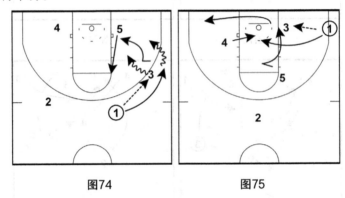

图74　　　　　　　　　图75

如果5在高位接不到球，还可以到翼侧接1的回传球，4从弱侧插到强侧低位要球，1、4、5形成边路三角（图76），然后进行边路三角的所有变化进攻（图77）。如果5选择回传给底角的1，那么4可以出来给5做背掩护，5利用掩护切篮下要球进攻（图78）。如果1不能直接攻球给5，那么4可以掩护完弹出，接1的传球再攻球给5，充分发挥5的低位单打能力。

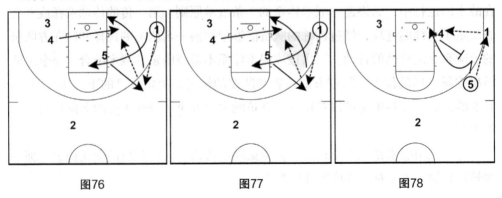

图76　　　　　　　　图77　　　　　　　　图78

当 5 持球在图 79 中的位置时，在既不能攻球给低位 4，也不能回传球给底角 1 的情况下，可以选择传球给弧顶的 2（其变化见附录 B: 9. 三角进攻战术体系后卫包切战术系列变化）。如果 2 被错位防守，3 立即从弱侧插到强侧高位，5 传球给 3，2 反跑（图 79）。

图79

如果 3 在高位接不到球就下顺到低位要球，4 看到 3 下顺就立即向弱侧移动。因为 4 的防守方队员是绕前防守 4 的，所以 4 向弱侧的移动可以在篮下获得 5 吊传球的机会，弱侧由于 3 的移动已经完全被拉空。（图 80）

战术分析：后卫包切战术系列主要是根据防守方的情况，1 选择从 3 的外侧包切来构建边路三角。根据防守方的情况，低位由最先的 5 号位，然后 4 号位，到 3 号位，横向的低位策应位置三角路线互换。如果 5 不能够吊球给 4，边路三角已经建成，可以继续边路三角进攻的所有选择。后卫包切战术系列与边路三角战术系列紧密相连，随时可以转化，这是教练不断构建三角战术理念融会贯通的作用。

图80

后卫包切战术系列主要运用了手递手掩护、低位策应、反跑、无球队员之间的背掩护和下掩护、强弱侧转移后的一侧 2 对 2 进攻等进攻形式。

7.2.3.3 后卫掩护战术系列

基本战术：1 传球给 4，并直接给 4 做有球掩护，此时 5 提至罚球线，4 利用 1 和 5 的连续掩护突破，有机会直接上篮（图 81）。如果 5 的防守方队员协防或者试图阻止 4 的突破，那么 5 立即下顺，4 根据防守方情况做出决定，2 和 3 注意移动牵制防守方队员。基本战术的目的是让 4 利用连续掩护获得较好的突破机会，如果 2 和 3 的防守方队员补防，那么 4 可以直接分球给 2 或者 3，让他们能够获得空位投篮的机会。

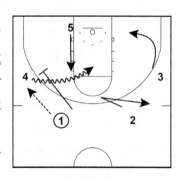

图81

变化 1：1 传球给 4 后去做掩护，如果防守方队员准备好了交换，那么 1 可以做假掩护直接拆开切入篮下，由于 5 的上提，篮下有巨大的操作空间（图 82）。

变化 2：1 传球后试图去做掩护，如果 4 的防守方队员收缩，那么 1 可以从 4 和他的防守队员中间切过，找好角度切入篮下接 4 的传球上篮（图 83）。如果 1 接球后不直接上篮，可以带球到边路，5 给 4 做无球掩护，4 利用 5 的掩护切入篮下要球投篮。

变化 3：1 持球在底角，如果 4 没有机会就继续向弱侧切走，5 向翼侧弹出，1 转移球给 5。弱侧的 3 移动到强侧低位，与 1 和 5 形成强侧边路三角（图 84）。

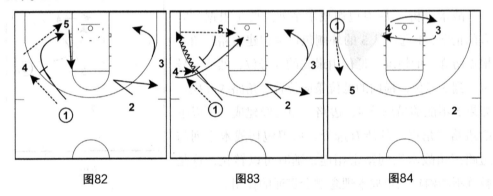

图82　　　　　　　　　　图83　　　　　　　　　　图84

与后卫包切战术系列一样，后卫掩护战术又运行成边路三角战术。强侧低位的中锋由 5 到 4，再到 3 的变化，是三角进攻战术的标志性移动。至此，战术运行可以延续边路三角战术的所有选择了。

战术分析：此战术系列由一个连续定位掩护展开，在变化中主要运用了反跑、低位策应等进攻形式。如果不能即刻在定位掩护中找到直接得分的机会，队员就会自然形成边路三角进行进攻。连续定位双掩护的选择要根据场上队员的特点来运用，1 的传球、移动选择决定了后续战术的展开。

7.2.3.4　强侧传切战术系列

基本战术：落位阵型 2-2-1。1 传球给 3 后纵切（从弱侧切出），3 和 5 形成强侧的 2 对 2 进攻（图 85）。3 攻球给低位进攻能力较强的 5 后从底线或上线切走，牵制防守方队员，如果 3 的防守方队员协防 5，3 就会获得空当上篮机会（图

86）。3 的切走为 5 创造了一侧低位单打的良机，5 可以勾手、投篮或者跳投。另一侧，4 给 1 做无球掩护，牵制防守方队员，如果防守方队员协防，5 也可以分球出来。3 可以从上线切篮下，如果没有机会就为 4 做掩护，4 插到禁区要 5 的传球进攻（图 87）。

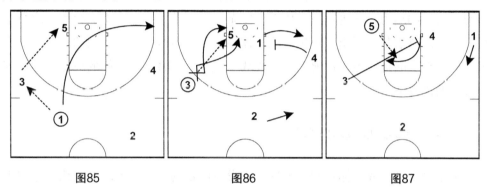

图85　　　　　　　　　　图86　　　　　　　　　　图87

当防守方队员切断攻中锋的路线时，进攻策略也需要相应的变化（具体变化方法见附录 B：10. 三角进攻战术体系强侧传切战术系列变化）。

战术分析：强侧传切战术的目的是拉空位置，为具有低位单打能力的中锋创造单打的机会。中锋低位拿到球后，其他队员的位置、距离、无球移动都要遵循战术原则来实施。此战术系列主要运用了低位策应、反跑、定位掩护等进攻形式。

三角进攻是一个多样化的进攻战术体系。在边路三角战术系列、后卫包切战术系列、后卫掩护战术系列和强侧传切战术系列中，边路三角的构建、低位中锋队员的三角换位和强弱侧进攻的转移是战术体系的核心理念，战术方法都围绕着这 3 点来设计。在战术理念的影响下，所有的战术行动都遵循了三角进攻战术体系的 7 条战术原则，这使得 4 种战术系列可以随时互相转化。战术体系主要运用了低位策应、传切、反跑、无球队员的交叉掩护、定位单掩护和双掩护、连续定位掩护以及利用掩护的各种变化、强弱侧转移后的一侧 2 对 2 进攻等进攻形式。

正如泰克斯·温特所说，三角进攻是建立在扎实的基本功之上的。当队员有了扎实的基本功，根据战术理念和战术原则，围绕战术方法展开的进攻将变化无穷。

对于三角进攻最大的误区，莫过于认为它是专为有才华的队员量身定制的战术体系。事实上三角进攻真正的作用在于帮助那些看起来并不出众的队员增强其在进攻端的实力。科比·布莱恩特在接受记者采访时说道："在现实中，当有天赋的队员愿意将自己的才华融入三角进攻战术体系中去时，三角进攻将无人能挡。"[1]

时至今日，在 NBA 赛场上很少有球队能够很好地运用三角进攻战术体系。有的人将其归结为三角进攻战术体系太复杂。除了菲尔·杰克逊的教练组成员，很难有人能够清楚地说出三角进攻战术体系是如何运行、如何奏效的。但还是有很多教练在不断地学习、理解三角进攻战术体系，并将其所理解的战术理念贯穿到自己的执教中。

7.2.4　移动进攻战术体系 [2]

由于移动进攻战术体系的特殊性，它没有固定的进攻战术路线。战术原则事实上就是整个战术体系的运行方式和变化（战术原则见 6.2.4）。

根据队员的具体情况和对手的情况，移动进攻战术的发动落位有中锋单策应落位、双中锋落位、三角落位和 1 外 4 内落位。任何的落位都可以按照战术的基本原则来进行比赛。

第一种，中锋单策应落位。它主要的策应方式有中锋低位单策应和中锋高位单策应。

中锋低位单策应：中锋低位单策应队员在虚线和底线之间活动，他的主要任务是在靠近篮筐的区域得分；其他 4 名队员在另外的 3 个外线位置和高位策应位置，不受位置限制地不断移动。这样的落位非常有利于刚刚学习移动进攻战术体系又没有太多经验的中锋队员。他在图 88 所示的阴影区域活动，不参与和其他队员交换位置等移动，但是遵从其他战术原则，例如传球原则、切入原则和掩护

---

[1]　SHELBURNE R. Kobe stresses patience with offense[EB/OL]. （2012-11-02）[2015-12-10]. http://www.espn.com.sg//os-angeles/nba/story/-/id/8581957/kobe-bryant-los-angeles-lakers-stresses-patience-new-princeton-offense.

[2]　战术方法主要参考鲍勃·奈特编写的 *Motion Offense* 一书和唐·凯尔克编写的 *Basketball Motion Offense eBook-How to Develop a High Scoring Motion Offense*。战术图都是根据书上原有的战术图或者文字描述，运用 fastdraw 软件进行绘制的，目的在于更直观、清晰地了解战术的方法和变化。本章后面有关应对联防、应对紧逼防守及应对快攻的内容，还参考了鲍勃·奈特教练的讲习班视频。

原则等。

中锋高位单策应：一个中锋落位。中锋以图 89 的阴影区域作为进攻中轴来转移球和攻球。这样落位的优势在于，其他 4 名队员可以灵活地交换位置，造成防守方的错位，可以利用身高等优势在低位进行单打或进行其他具有优势的进攻。当然，必要的时候，中锋队员的位置也可以互换。和中锋低位单策应一样，这样的落位也非常有利于刚刚学习移动进攻战术体系又没有太多经验的中锋队员。

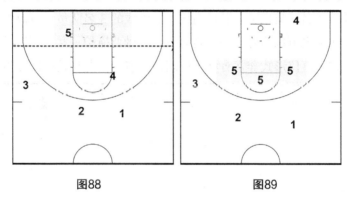

图88   图89

第二种，双中锋落位。双中锋落位通常是高低落位。根据队员和对手的情况，双中锋落位有以下 3 种情况。

（1）以 1 名中锋为主时。1 名队员总是在高位或者低位进行策应、攻击，其他 4 名队员在其他 4 个位置遵从战术原则来换位跑动，利用防守的错位进行大打小、快打慢等进攻。不管如何落位，队员之间依然要保持 4.5 ~ 5.5 米的距离，并且总是高位策应在强侧、低位策应在弱侧。

（2）2 名中锋主内时。有的时候指定 2 名队员在内线高低位移动，其他 3 名队员在外线活动。外线活动的队员其主要目的是通过传球、掩护等尽量进内线进行攻击。当然，如果遇到紧逼或者夹击，内线队员需要弹出到外线转移球，此时 1 名内线队员就要及时移动到空出来的策应位置。这样的打法主要是集中注意力攻内线，当对手有防守能力较弱的队员时或者防守方队员陷入犯规时，就可以用这个方法来有针对性地进行攻击。

（3）5 名队员的移动进攻。当场上 5 名队员都可以胜任任何一个位置时，他们的活动范围将不受限制。内线和外线遵从所有的战术原则，例如掩护原则、传球原则等。通常会使用 3 外 2 内的落位或者 3 个外线加 2 个底角的落位。

　　第三种，三角落位。如图 90 所示，内线 3 名队员落位成三角形，因此称为三角落位。但这并不意味着这 3 名队员的内线落位必须落成三角形，他们也可以落位成图 91、图 92 所示位置。3 名队员落位在内线的目的是通过 3 名队员不断地相互掩护，给防守方制造麻烦，然后获得空当投篮机会。外线的 2 名队员可能要通过稍微多一点的运球来转移球和调整传球角度，尽力将球转移到最佳助攻传球点。如果外线的 2 名队员也可以胜任内线，而内线的 3 名队员也可以胜任外线，那么内线的 3 名队员也可以给外线的 2 名队员之一做背掩护，并且可以通过交换位置来延续进攻。这个落位形式非常有利于控制进攻节奏，尤其是在比分领先时。

图90　　　　　　　图91　　　　　　　图92

　　第四种，1 外 4 内落位。外线的控球队员要通过运球和传球将球及时攻给出现机会的队友，其他 4 名队员根据战术原则不断地传球、切入、掩护以创造空当得分机会。当防守 1 的队员收缩协防时，1 可以果断地通过跳投、跑投等得分。内线的 4 名队员可以根据教练的偏好在内线进行落位（图 93 ~ 图 95）。

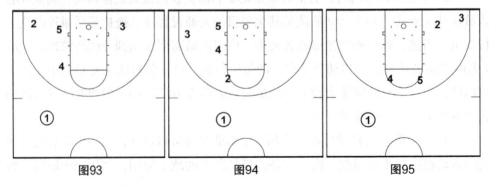

图93　　　　　　　图94　　　　　　　图95

无论何种落位，鲍勃·奈特教练都坚持一名后卫控球推进的原则。他认为，如果一名后卫队员需要帮助才能把球带进前场，那么这样的后卫是没有用的。

这4种落位形式可以创造出无数的得分机会，但是没有一种落位有既定的行动路线。教练可以根据队员的不同条件来选择不同的落位形式，从而使球队的进攻能力最大化。所有传球、切入和掩护的战术原则都适用于这些落位进攻，但传球、切入和掩护一定要尽量简单化。

战术分析：移动进攻战术体系的战术方法在鲍勃·奈特教练不断移动的战术理念上设计运行，他的一个后卫理念决定了战术的落位和发动。通过对移动进攻战术体系的战术原则和落位的分析，可以看出鲍勃·奈特教练特别注重无球队员之间的掩护。掩护的质量、位置、角度都是鲍勃·奈特教练强调的重点。在移动进攻战术体系中不提倡为有球队员做掩护，因为这样会导致过度运球。

7.2.5 小结

第一，从基本战术落位看战术理念的区别。

所有的进攻战术都由战术落位、基本战术方法及变化构成。教练的战术理念各异，从战术落位上就可以初见端倪（表8）。

表8 美国大学篮球经典进攻战术体系主要战术落位一览表

战术体系	战术落位
UCLA进攻战术体系	2-2-1落位
普林斯顿进攻战术体系	2-3高位落位，1-4高位落位，2-2-1外线落位
三角进攻战术体系	2-2-1落位
移动进攻战术体系	3外2内落位（一上一下）

UCLA进攻战术体系和三角进攻战术体系都擅长2-2-1落位，也就是双后卫落位，这与约翰·伍登和泰克斯·温特的战术理念是相符的。他们认为，双后卫的落位发动减小了主要控球队员始终控制球的压力，防守方可以通过破坏控球队员的接应来破坏整个进攻战术体系；另外，双后卫的落位有利于球在强弱侧之间

的快速转移。

普林斯顿进攻战术体系的落位强调了拉空篮下，目的是让在身体上没有优势的队员可以利用速度在拉空的篮下区域内获得较好的得分机会。皮特·卡里尔教练根据"强壮能占弱小的便宜，而聪明能占强壮的便宜"这一战术理念而设定了此战术落位。虽然普林斯顿进攻战术体系也有 2-2-1 的战术落位，但是其目的是形成 4 外 1 内的阵型。

鲍勃·奈特教练不喜欢双后卫，他认为如果一名后卫队员需要帮助才能把球带进前场，那么要这样的后卫没有用，因此他的战术体系主要是 3 外 2 内落位。

第二，从战术打法看配合性技术[1]的区别。

由前文的讨论分析可以得出，每个进攻战术体系都由若干个基本战术及其变化组成，每个战术之间都能够互相转化。每个教练都非常注重基本功，正如约翰·伍登教练所提倡的"所有战术配合的实施，都取决于基本技术的正确运用"。扎实的基本功是所有进攻战术体系得以成功的关键。

从表 9 看到，UCLA 进攻战术体系由 5 个基本战术和 15 种变化战术构成，普林斯顿进攻战术体系由 3 个基本战术和 8 种延续及变化战术构成，三角进攻战术体系由 4 个基本战术和 14 种构建三角的方式和变化战术构成，移动进攻战术体系由 4 种落位方式引发战术。理论上我们可以通过简单的计算划分出每种战术体系的基本战术和变化方法的数量，但在实际中，由于队员在场上根据防守方的变化而应变，其战术变化是无穷的。

---

[1] 配合性技术是指一些与篮球战术配合密切相关的技术，是我国篮球界20世纪60年代前后理论上比较常用的篮球专业词汇。

表9 美国大学篮球经典进攻战术体系基本战术及其变化

战术体系	基本战术	变化
UCLA进攻战术体系	5个基本战术（高位进攻战术包括后卫导入—高位中锋进攻、后卫—后卫—前锋——外线绕切战术、后卫—后卫—前锋——UCLA切入进攻。高低位进攻战术包括后卫—高位策应战术、后卫—前锋战术）	15种变化
普林斯顿进攻战术体系	3个基本战术（中锋高位策应战术、中锋低位策应进攻战术、下颚战术）	8种延续及变化
三角进攻战术体系	4个基本战术（边路三角战术、后卫包切战术、后卫掩护战术、强侧传切战术）	14种构建三角的方式和变化
移动进攻战术体系	4种落位方式引发战术	

在战术方法的设计中，不同进攻战术体系对配合性技术有不同的要求。4种美国大学篮球经典进攻战术体系的配合性技术也有一定的区别（表10）。

表10 美国大学篮球经典进攻战术体系的主要配合性技术

进攻战术体系	主要配合性技术
UCLA进攻战术体系	高位策应、高低位打法、无球掩护
普林斯顿进攻战术体系	空切、挡拆掩护、手递手掩护、远投
三角进攻战术体系	低位策应、单打、无球掩护
移动进攻战术体系	传球、切入、无球掩护

在UCLA进攻战术体系中，每名队员都被安排在一个能够发挥其最大技术能力的位置上。UCLA进攻战术体系要求中锋有较强的高位策应能力和低位单打能力。三角进攻战术体系更注重中锋的低位策应能力和单打能力。UCLA进攻战术体系和三角进攻战术体系都强调强弱侧的牵制，当强侧进行战术行动的时候，弱侧无球队员要通过移动、掩护，甚至双掩护来牵制对手。弱侧的掩护和移动也有一定的路线和方法，这样可以避免移动多样性导致的冲突。

普林斯顿进攻战术体系要求有一个技术全面的中锋队员。这名中锋队员既能够在低位单打，又能在高位传球。这个战术体系主要强调无球队员的空切、穿插移动等技术。每个队员都要有较好的远投能力。

鲍勃·奈特教练的移动进攻战术体系要求所有的队员都能够胜任每一个位置，所有的位置都是可以被替换的。他提出的三大基石（传球、切入和掩护）是移动进攻战术体系最为侧重的技术。这里的掩护主要指无球掩护，因为鲍勃·奈特教练不鼓励与有球队员之间发生掩护配合。

可见，每个进攻战术体系由于战术理念的不同，对配合性技术的要求也不同。在战术分解训练中，对主要的配合性技术进行有针对性的训练可以提高组合后的战术体系运行的有效性。

第三，战术理念与主要配合性技术的结合涌现出无穷的变化。

有的时候会出现球在相同位置的状态，但是由于战术理念和战术运行阶段的不同，不同的进攻战术体系有不同的应对方式。

球在翼侧45°角时，UCLA进攻战术体系的进攻选择有：（1）攻低位中锋；（2）攻高位策应中锋；（3）转移球给弧顶的外线队员；（4）运球向弧顶移动发动后续进攻。条件是在强侧低位、弱侧低位、高位策应位置和弧顶都有队员，在这样的落位状态下才能形成以上的进攻选择。这既是平衡原则的体现，也是高位策应、低位策应、单打和无球掩护等侧重技术在这一刻和后续变化中的展现。

球在翼侧45°角时，普林斯顿进攻战术体系的持球队员的选择有：（1）反跑没机会的低位小个队员提上给高位的中锋队员做背掩护，小个队员掩护完后可以弹出直接接球投三分；（2）翼侧的队员可以让中锋队员来做挡拆掩护；（3）由于中锋的高位策应，翼侧队员还可以寻找弱侧前锋溜底到强侧低位的机会。智慧理念和被强调的空切、挡拆掩护、手递手掩护和远投技术在上述选择中完全展现了出来。

球在翼侧45°角时，三角进攻战术体系主要强调战术机会。最主要的战术机会是攻低位策应队员，低位策应位置在战术的延续中也遵循不断地构建三角的理念。这体现出了三角进攻战术体系不断构建三角的战术理念和对低位策应、无球掩护技术的侧重运用。

移动进攻战术体系没有固定的进攻路线，但是当球在翼侧45°角时，其他无球队员向球的切入和远离球的掩护是它的进攻选择。不断移动的理念和传球、切入、无球掩护三大侧重技术在执行移动进攻战术体系的过程中展露无遗。

4种美国大学篮球经典进攻战术体系会出现很多共同的进攻状态[1]，由于战术理念和原则的不同，侧重的技术也不同，在处理方式上也有区别。这个进攻状态是不同进攻战术体系在该时刻以前运行战术的结果。这个进攻状态决定了后期进攻选择的可能性。在进攻战术体系中，战术理念与主要配合性技术的不同组合，涌现出无穷的战术方法。这也是进攻战术体系的生命力所在。

7.3 应对联防的策略分析

每个进攻战术体系都应该有应对联防的策略。联防的阵型有很多种，不可能有一种方法可以应对所有的联防，在赛季前准备所有应对联防的战术也是不现实的。在基础进攻战术体系的基础上，通过一定的调整，变化出应对联防的策略更为切实可行。

7.3.1 UCLA 进攻战术体系应对联防的策略

快攻是应对联防的最佳策略。快攻不成时，UCLA 进攻战术体系有 5 个互相关联的战术方法。

一号战术方法：落位阵型为 2-2-1。1 持球突破吸引防守，然后将球传给稍微拖后一点的 2，2 传球给 3，5 在底线向外拉开，2 切入罚球线附近接 3 的传球投篮（图 96）。

二号战术方法：接一号战术方法，3 还可以直接将球传给底角拉开的 5 投篮（图 97）。

一号战术方法和二号战术方法每次投篮都必定有 3 名队员进行篮板球的冲抢。一号战术方法中的 4、5、2 形成三角冲抢进攻篮板球的阵型，二号战术方法中的 4、2、3 形成三角冲抢进攻篮板球阵型。

---

[1] 进攻状态是指球在某一个进攻点上。

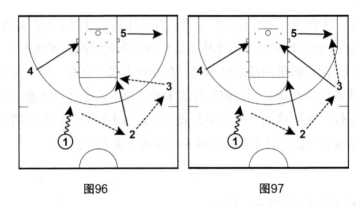

图96　　　　　　　　　　　图97

二号战术方法有 3 种延续。

（1）接二号战术方法，3 传球给 5 后，向篮下纵切，有机会则要球上篮，没机会则从对侧切出准备抢篮板；2 切到罚球线，没机会则切出；1 切到罚球线区域的空位要 5 的传球投篮。此时，3、4、5 形成三角冲抢进攻篮板球阵型，2 退守。（图 98）

（2）接二号战术方法，3 传球给 5 后，向篮下纵切；1 切到罚球线区域，如果没有空当机会则向外弹出；5 传球给翼侧的 1；4 立即提罚球线接球投篮（图 99）。1 还可以将球转移给 2，3 切出来接 2 的传球投篮。

（3）接一号战术方法，3 回传球给 1，然后切走；2 在罚球线区域，如果没有机会则拉出到外线；1 转移球给翼侧的 4（图 100）。整个战术的移动可以按前面所讨论的从另一侧开始，只是所在位置的队员相对变了。

图98　　　　　　　　　图99　　　　　　　　　图100

三号战术方法：1传球给2后，由原来2插罚球线调整为1插罚球线（图101），其他的选择都按一号战术方法、二号战术方法以及其他延续来进行。

四号战术方法：1传球给2后，与5进行位置交换（图102），其他的选择也都可以按前面所讨论的战术方法来进行。

五号战术方法：战术也可以由2突破开始发动。2传球给1（图103），4可以先反跑，如果没机会则弹出外线来接球。2插罚球线（这个位置也可以由1、3或者5来替代），可以接球投篮，也可以成为中间的策应队员，攻球给底线的5和下挂的锋线队员。如果2接球投篮，那么4、5、3能够获得很好的三角冲抢进攻篮板球的位置。如果2在罚球线区域没有接到球，那么可以继续往底线切出。如果4攻球给底线区域的2，那么战术可以按照二号战术方法及其第一、二种延续方法进行。4还可以回传球给1，然后溜底，1快速转移球给3获得空位投篮机会，3也可以观察中锋5和溜底的4是否有空位投篮的机会。

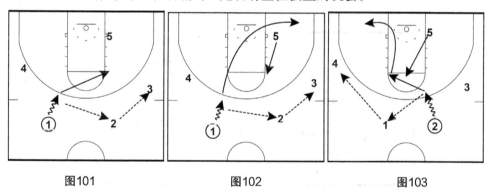

图101　　　　　　　　图102　　　　　　　　图103

战术策略分析：进攻联防的战术只是在进攻人盯人基本战术的基础上，让中锋队员从高位落到了底线。在战术的运行中，外线队员和内线队员利用强侧高位策应点轮流插入，讲攻联防的核心位置，突出了高位策应的打法特征。遵循简单的移动规律和战术体系要求的基本原则就是UCLA进攻战术体系应对联防的策略。任何战术都要根据防守的情况进行调整，队员的发挥和每个位置上队员的投篮、传球能力是执行战术的基础。

7.3.2　普林斯顿进攻战术体系应对联防的策略

普林斯顿进攻战术体系的队员配备决定了场上队员都要有一定的远投能力。联防遇到远投能力较强的球队是很难防守的。除了快攻，普林斯顿进攻战术体系在拉开空间的战术理念下应对联防有一个基本的战术方法。

落位阵型为 1-3-1。1 往 5 的反方向运球，吸引防守方队员往左侧移动；5 向外移动后设立掩护，挡住联防翼侧的防守方队员；4 向外弹出接 1 的传球；3 下移找到空当接 4 的传球投篮（图 104）。在这个过程中移动的时机非常重要，1 传球给 4，当球在空中的时候，5 设立掩护，3 向下移动，这样才能够做到球到人到，有投篮机会。

4 接球后首先看的是 3，如果 3 没有机会，那么 1 向篮下反跑切入是第二个机会（图 105）。在这个过程中移动的时机非常重要，1 要在 2 向上移动基本到位的情况下反跑，给防守方队员背掩护的错觉。

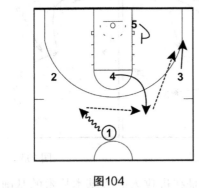

图104　　　　　　　　　　图105

如果 1 反跑没有机会，球必须进行转移。当球转移到 1 手里时，5 要立即插罚球线区域要球，可以获得空当投篮机会（图 106）。根据防守方队员的情况，5 也可以在低位直接卡位要球进攻。如果没有机会，5 可以弹出到弧顶，接 2 的传球（1 传球给 2，2 传球给 5）。1 给 2 做背掩护，2 利用掩护下挂得到投篮空当，2 接球后，5 下顺到强侧低位。（图 107）

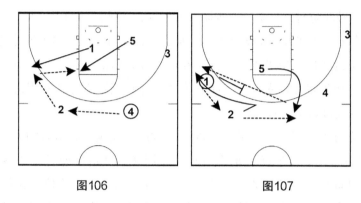

图106   图107

如果前面都没有机会，那么1弹出到弧顶，2回传球给1，4再进入到罚球线区域，这样又回到了最初的1-3-1落位，只是1要往进攻的右侧运球，5在左侧底线。战术可以从另外一个方向重复地进行。

战术策略分析：不断地在球场的两侧来回重复发动进攻，遵循战术理念和战术原则，切入腹地没有机会就立刻拉到三分线外，最大程度地拉空篮下以便无球队员随时反跑。这种应对联防的策略强调了普林斯顿进攻战术体系拉空篮下的打法特征。

7.3.3　三角进攻战术体系应对联防的策略

在三角进攻战术体系中，泰克斯·温特教练强调用快攻来破联防。在防守落位之前进行快攻总是能够得到较好的得分机会。有时候第一波快攻不能够直接得分，但是能为二次跟进的快攻创造条件，因此快攻训练对一个支球队来说是非常重要的。

当落到阵地进攻时，应对联防主要是利用一侧的超载来创造局部多打少的机会和空当投篮机会。所有三角进攻战术体系中所遵循的战术原则在进攻联防时都有效。三角进攻战术体系的图60～图62展示了构建边路三角的方法。这也是进攻联防时形成一侧超载的方法。

死板的进攻战术不是进攻联防的最好手段，也许前几次可以有效地破联防，但是当防守方有所准备，切断固定传球路线和移动路线后，进攻战术就会失去效用。因此，在破联防时，当队员发现防守漏洞时，无球移动切入到空位是最好的进攻方法。这会迫使防守方调整防守策略，那么其他地方必然会出现另外的空当。

对位落位策略是三角进攻战术体系在应对联防时的策略之一。对位落位能够迷惑防守方，让防守方陷入人盯人防守模式，并且能够更好地发现进攻在对位上的优势，找到突破口进行攻击。

进攻落位与防守阵型相反是三角进攻战术体系在应对联防时的另一策略。例如：如果对方守 1-3-1 联防，那么进攻就使用 2-1-2 落位或者 2-3 落位；如果对方守 2-1-2 联防或者 2-3 联防，那么进攻就使用 1-3-1 落位。这样落位的目的是更好地攻击联防时防守方队员之间的间隙和空当位置，迫使防守方去调整位置，从而使其达不到联防的效果，回到人盯人的防守模式。

泰克斯·温特认为最明智的方法是有一个基本的进攻联防战术可以应对所有的联防，但是在运行中要根据联防的不同阵型稍做调整。在他的进攻联防战术中基本落位是 2-3 落位，但是可以根据防守方的阵型变化成 1-3-1 落位，然后再变回 2-3 落位。如果进攻方传球、转移球的速度比防守方队员的转移速度快，那么进攻方就可以获得很多投篮的机会。

案例示范：针对 2-3 联防的 2-2-1 落位阵型进攻（图 108）。1 传球给 3 后切到强侧底角，形成强侧的超载，这时就要看防守方如何应对，是选择 ×3 下移到底角防守，然后 ×1 移动到 45°角防守，还是 ×5 出来。如果防守方选择 ×3 下移到底角防守，那么 3 快速转移球给弧顶的 2，4 插左侧罚球线，2 传球给 4（图 109），由于防守方是联防，×4 会防到罚球线，4 持球稍微上步挡一下 ×2，2 移动到左侧 45°角就会有空当投篮机会。在某种程度上，这已经迫使防守方 ×2 和 ×4 进行人盯人防守了。如果 ×4 出来，那么 4 就下顺；如果 ×5 补防，那么 5 在篮下或者插篮下空当区域会出现机会。

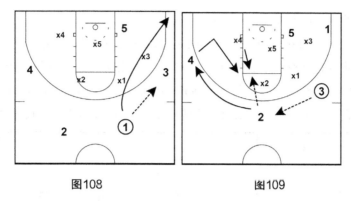

图108   图109

应对联防要求队员必须有较好的投篮能力。由于联防的注意力主要是在球上，因此合理的传球假动作在破联防时会起到很好的作用。如果对手有高大队员在篮下防守，尽量将他调出来。在进攻联防中，队员可以运用一些突破技术，但是要很谨慎。突破的队员要对将要防守他的人有预判，并且在突破过程中要冷静地观察。当联防为了应对进攻的一侧超载而整个转移到另一侧时，快速转移球的长距离传球也是需要的，但绝不能传速度很慢的吊球。当比分领先时，可以用拖延战术来应对联防，因为比分落后的球队急于想得分也许会放弃联防。篮板球在进攻联防时也是非常重要的。一方面，篮板球可以获得二次进攻的机会，也许会在篮下轻松得分；另一方面，控制好篮板可以破坏对手的篮板球快攻。

战术策略分析：三角进攻战术体系应对联防的策略主要是利用队员穿插、球的转移等来迫使联防从形式上变成人盯人防守。这样所有进攻人盯人的战术方法就都可以运用在这里。

7.3.4　移动进攻战术体系应对联防的策略

如前文所述，移动进攻战术体系没有既定的战术方法，战术原则即是战术方法。当快攻不能有效得分，进入阵地后进攻联防，这时的战术主要遵循 5 条运行原则。这 5 条运行原则相辅相成，在进攻时必须同时遵循。

原则一：落位原则。

不同阵型的联防企图运用不同的落位方式来实现不同的防守目标，因此进攻首先就要从进攻落位开始来破坏联防。

进攻落位不要和联防防守对位，而是要落在防守方队员的间隙中。图 110 是应对 2-3 联防的进攻落位，图 111 是应对 1-3-1 联防的进攻落位，图 112 是应对 1-2-2 联防的进攻落位。进攻任何一种联防时，让队员落位在防守方队员之间，这样就会形成 2 防 1 的情况，在场地的某个区域进攻也形成了 2 攻 1 的情况。

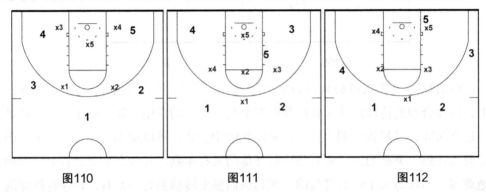

图110   图111   图112

超载落位是另一种破坏防守的落位方法，是 2 ~ 3 个人叠在一起，形成局部的超载。图 113、图 114 是应对 2-3 联防的超载落位，图 115 是应对 1-2-2 联防的超载落位。联防的防守原则是按照区域进行防守，每个防守方队员有具体的区域职责。因此，叠在一起的进攻队员至少有一个队员逻辑上是没有人防守的。至于如何移动要根据其他 4 条运行原则来进行。

图113   图114   图115

原则二： 低位策应原则。

低位策应原则是指总是保持有一名队员落在低位策应位置，并且在防守方的后面。当没有队员落位在底线时，防守方的最后一线可以观察到场上所有的进攻队员，非常利于防守，并且进攻活动的中间区域受到很大限制（如图116的阴影部分所示）。5的落位靠近底线，使得对方不得不拉大防区，从而扩大了进攻活动的中间区域（如图117的阴影部分所示）。5可以来回在底线穿插移动，当出现空当可以弹出到底角获得投篮机会，当中间空的时候可以插高位进攻得分或传球助攻，并且5的落位非常有利于拼抢前场篮板球（图118）。

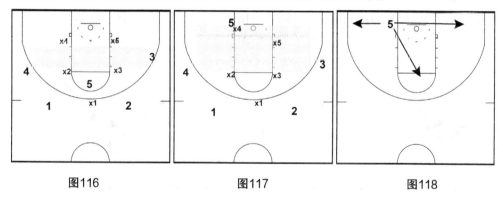

图116   图117   图118

原则三： 运球突破原则。

在鲍勃·奈特教练的移动进攻战术体系中，在进攻人盯人防守时，很少让队员运球，因为他认为太多的运球会破坏移动进攻的连续性。移动进攻战术体系在3种情况下会运用运球：（1）当防守全场紧逼时会运用运球来推进球；（2）当有机会直接突破上篮得分时会运球;（3）当需要调整传球角度时会运球。鲍勃·奈特教练认为在进攻联防时使用一定的运球突破技术，能够撕开联防的防线。

在进攻联防时，运用运球的目的有：（1）利用运球来破坏联防的基本移动；（2）利用运球突破防守方队员之间的间隙，吸引防守方队员从而创造局部的超载（与落位的超载原则相呼应）；（3）当球进行转移后，要利用防守方队员回位防守的失位或者仅仅是少许的不到位来进行连续突破，从而创造空当投篮机会。

原则四：背插原则。

在进攻联防时，中心地带的背插是非常有效的方法。当球的对侧有队员时，他应该及时插到罚球线区域要球。当他在中心区域接到球时应该立即转身看底线中锋队员的移动和外线队员的错位移动，为他们创造直接投篮的机会。

原则五：球的转移原则。

转移球是进攻联防的重要方法之一。在鲍勃·奈特教练的移动进攻战术体系中，外线队员向两边突破，同时一名队员从高位外弹接球来转移球是进攻联防最好的方法。这名高位队员可以是一名落位在高位的策应队员，也可以是从双人落位中拆出来的队员，还可以是从对侧插高位的队员（图119～图121）。

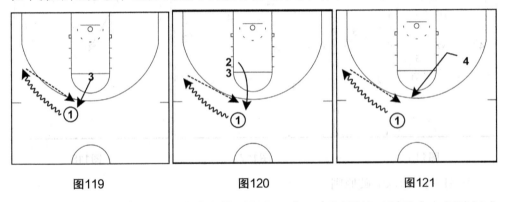

图119　　　　　图120　　　　　图121

战术策略分析：移动进攻战术体系的这5条运行原则是互相融合、相辅相成的。这些运行原则也是建立在教练的不断移动的战术理念基础之上的。队员在执行进攻战术的过程中只要综合运用了这5条运行原则，就可以很好地应对各种阵型的联防。

7.3.5　小结

4种美国大学篮球经典进攻战术体系都认为防守落位前的快攻是进攻联防最好的战术形式。4种美国大学篮球经典进攻战术体系在应对联防时都有各自的特点，但也遵循了进攻联防的规律。所有的联防都是基于防有球队员和区域防守的概念，因此所有的联防都有弱点。队员对联防阵型的识别有利于球队的进攻联防。破2-3联防的弱点在于罚球线区域，限制区域的近距离跳投是非常好的得分方式。2-1-2 联防的罚球线区域防守比较严密，它的弱点在于两侧。1-3-1 联防看似很强大，其弱点在于 2 个底角和 2 个短角区域。3-2 联防的弱点也是 2 个底角。分析了联防的弱点后就可以有针对性地进行攻击。

UCLA 进攻战术体系的高位策应理念，普林斯顿进攻战术体系拉开篮下空间的理念，三角进攻战术体系不断构建三角形成超载的理念，移动进攻战术体系不断移动的理念，使进攻战术体系中进攻人盯人在应对联防中也起到作用。当球队在准备进攻人盯人的时候，事实上也在为进攻联防做准备。所有的进攻都是相通的，都需要拥有扎实的基础和阅读防守的能力。

7.4　应对紧逼防守的策略分析

紧逼防守在 20 世纪 30 ~ 40 年代就已经非常盛行和成功。根据紧逼的形式，紧逼防守可以分为人盯人紧逼和区域紧逼；根据紧逼的区域，紧逼防守可以分为全场紧逼、3/4 全场紧逼、半场紧逼。每支球队都有可能遇到紧逼防守，因此也需要应对紧逼防守的策略，否则队员在没有准备的情况下会惊慌失措。

7.4.1　UCLA 进攻战术体系应对紧逼防守的策略

如果球队中有一名能力很强的控球队员，在进攻人盯人全场紧逼防守时，就把球交给他，并且为他拉开空间位置，让他用运球突破来撕开对方的防守。

在进攻全场区域紧逼时，很少用运球来攻击，而是通过传球来攻击。控球队员在放球前必须观察前方的情况，不能够盲目地运球而进入防守的陷阱。拉开空间、中锋队员在中圈区域的中路策应和外线队员两侧的快下，是进攻全场区域紧逼的关键。

最有效的紧逼防守来自得分后的即刻紧逼。因此，训练队员应对紧逼防守要从发球开始。

破紧逼案例：落位如图 122 所示，1 发底线球，2 摆脱接球，3 往强侧摆脱接 2 的传球，5 拉边快下，1 发完球后立即利用 4 的掩护快下，3 接球后看 5 和 1

有没有空当上篮的机会。

同样的落位和方法可以运用在另一侧。4 摆脱接 1 的发球，1 发完球后利用 2 的掩护快下，5 横切过来到右侧转身快下，3 向强侧移动接 4 的传球，看 1 和 5 有没有空当上篮的机会。

如果遇到人盯人全场紧逼，可采用同样的落位阵型，但在具体位置上应稍做调整。如图 123 所示，2 落到罚球线内，4 落位到罚球圈外，2 假装给 4 做掩护，然后快速拆开。1 可以发球给 2，也可以发球给 4，3 和 5 拉开空间快下。2 或者 4 接球后看快下的队员有没有空当，如果没有空当，就将球交给发完球进场的 1，然后拉开。此时，5 要看准时机折回插中接应。

队员的落位要根据当时球队的个人能力来安排。

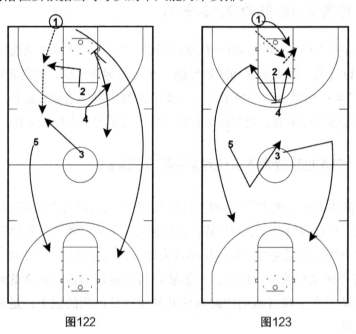

图122   图123

7.4.2 普林斯顿进攻战术体系应对紧逼防守的策略

关于普林斯顿进攻战术体系应对紧逼防守的策略，笔者没有找到文字资料，但是观察普林斯顿大学老虎队 2013—2014 赛季的比赛视频，可以看出在面对全场紧逼防守时，队员的目标是安全地将球推进到前场。除了让后卫1对1推进外，中锋队员在中路的策应是他们应对紧逼防守的主要手段之一。

由于普林斯顿进攻战术体系要求场上队员都技术全面，尤其是中锋队员，他要能传、能投。因此，中锋队员快下后直接折回在中路接应球，或者后卫队员接球后，中锋队员快下后折回插中路策应，是普林斯顿进攻战术体系进攻紧逼防守的重要策略。

7.4.3 三角进攻战术体系应对紧逼防守的策略

拥有扎实基本功的球队遇到紧逼时不会有太大的麻烦，他们可以通过人和球的快速移动（快攻）来破坏紧逼。无论是攻人盯人紧逼还是区域紧逼，原理是一样的。三角进攻战术体系没有固定的战术来进攻全场紧逼，但是会遵循一些原理：球要远离拥挤的区域并且快速地推进；如果有可能，要将球传给切到防守方队员背后的队友，这样破紧逼更有效；如果防守方队员退回去，要利用攻势继续进攻。

进攻紧逼时，进攻的区域是一端底线到另一端底线，这也是三角进攻战术体系战术原则中的第一条。不要相信过了中场线就打阵地，因为过了中场线再打阵地防守方就有时间进行半场防守落位。一旦形成多打少的局面，队员就要把握住机会获得高效的投篮机会，不要勉强投篮进攻。

一定要有一名队员拖后接应，一旦不能够通过传球和快速运球向前推进时，要有一个安全的接应点。场上队员接球后首先要做的是看全场，如果有向前传球的机会绝不运球。传球必须是短促有力的、准确的，尽量不用吊球。

当后卫队员持球突破时，前锋队员和中锋队员应快下（以最快的速度），拉开空间给后卫队员。如果后卫队员需要帮助，强侧前锋队员要快速折回来接应，但是如果折回到离后卫队员4.5米左右的距离时还接不到球，就应该再次反跑快下。这时中锋队员也应该折回来接应，和前锋队员一样的移动原理。第一线的进攻一定要保持快下，直到后卫队员需要时才折回，一旦后卫队员突破了第一线的防守，那就可以形成多打少的局面。这时防守方通过轮转要补位到第一线快下的进攻队员会有很大的难度。

不要设计固定的破紧逼战术，这样容易让对手识别并有意识地破坏传球和移动路线。设计一定的落位方式，这样队员可以根据防守方的情况去找突破点。

如果球队拥有一名技术超级好的控球后卫，当然可以所有人拉开空间，让他突破来推进球。但是这样依赖一名队员的话，会使其非常疲劳。因此，发挥全部队员的能力来进攻紧逼更可靠。

进攻全场紧逼案例：落位如图 124 所示，1 快速底线发球，3、4、5 快下。1 首先看 3、4、5 的快下是否有确实的把握，如果有就长传快攻，但是要谨慎。2 能够有很大的空间来摆脱要球。如果 1 能够在 2 的防守方队员落位前发球给 2，2 迅速推进就有了快攻多打少的机会。也有理论认为，应该让 2 延误接球，这样可以让队友有充分的时间落位来发动进攻，但是这样的话也给了防守方时间来排兵布阵，进攻就很难有快攻多打少的机会。

如果 2 摆脱接不到球，可以直接快下。3、4、5 根据防守方的情况折回接应球。如果 2 接到球，可以按图 125 所示的方法来进攻。3 折回接应 2 的传球，5 折回接应 3 的传球，2 和 3 传球后都快下，1 作为最后一线安全接应拖后，4 注意有角度地斜插接应球。

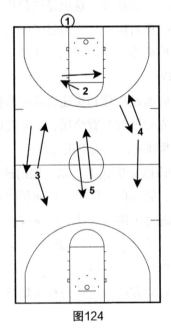

图124

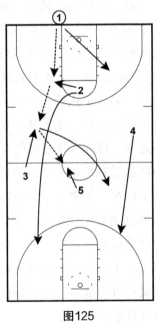

图125

当然也可以由 5 在中间折回接 1 的传球，3 和 4 快下。或者 4 折回接应 1 的传球（和 3 的情形一样）。

当进攻半场紧逼防守时，将阵地进攻的基本战术落位提高到半场，将原来中锋低位落位调整到罚球线附近落位，队员之间的距离保持在 4.5 ~ 6 米。这样就可以用所有三角进攻战术体系中的基本战术来进攻了。

7.4.4 移动进攻战术体系应对紧逼防守的策略

进攻紧逼的战术与其他战术不同的是，它的目的不一定是直接得分，而是安全地将球推进到前场。当遇到紧逼防守时，要明白对方紧逼的目的是什么。如果对方是想打乱进攻节奏，让进攻方仓促出手投篮，利用防守方自身的篮板优势来更多地获取球权，那么进攻方应该在成功推进到前场后就落阵地进攻，保持进攻节奏。

如果遇到人盯人的全场紧逼，那么就让球队里最好的控球队员去控制球，其他队员全部拉开快下。随着防守战术的发展，在现在的比赛中很多时候都是区域紧逼防守或者混合紧逼防守。移动进攻战术体系没有针对每一种紧逼阵型的进攻战术，它在一种落位阵型的基础上加上一些战术原则来应对所有的紧逼。移动进攻战术体系认为首先要准备进攻区域紧逼的方法，如果遇到人盯人紧逼防守，只要稍做调整就可以了。

当对方得分后进行全场紧逼，进攻相对来说简单一些；当对方队员罚球命中后进行全场紧逼，防守位置都落定的情况下，进攻相对来说会困难一些。快速发球进场是移动进攻战术体系在应对紧逼时的策略之一。固定一个发球队员能够避免犹豫而造成的时间消耗。一般来说，让 3 或者 4 来发球，他们离篮板近一些。不让 5 来发球的原因是，5 从一端底线到另一端底线，会使其体力消耗太大，并且很可能会浪费 5 的前场篮板球机会。

进攻全场紧逼的案例：落位如图 126 所示，3 以最快的速度发界外球。3 可以在底线来回移动，1 和 5 快速摆脱接应。一般来说，1 和 3 会在同一侧摆脱来接应球。如果 3 发球给 1，5 要立即向前快下并在后场弧顶附近做策应，2 向右侧边路拉开，3 拖后，保证 1 的安全回传。这一过程必须保证 3、5、2 和 1 的距离都在 4.5 米左右，这样 1 就可以有 4 个传球点（3 个近距离的和 1 个远距离的）。

如果 1 选择传球给 5，那么 2 要向前快下后插中（图 127）。中路的推进是最理想的，这样球可以往左、往右、往前、往后 4 个方向传出。3 要作为最后的安全接应点拖后。

假如 1 不能传球给中路的 5，可以传给边路的 2，那么 1 传完球后要快速插中，5 在右侧边路快下，3 拖后。2 接球后首先要看前场的 4 是否有机会。如果 1 可以将球回传给 3，那么 5 要立即往右边边路拉开快下，2 快下后往中路折回策应，1 在左侧快下。

中路策应是一个非常古老的破紧逼策略，这也是移动进攻战术体系中非常重要的破紧逼策略之一。当队员们都清楚中路策应的作用并遵循移动进攻战术体系的战术原则时，破紧逼就不是什么难事了。

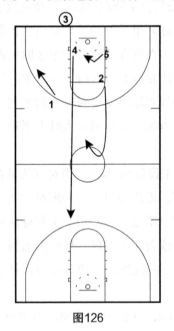

图126

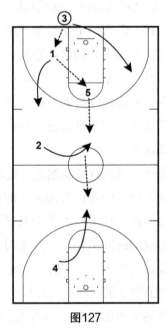

图127

普林斯顿进攻战术体系场上队员技术的全面性让它在进攻紧逼防守时没有太大的困难。快攻是它最佳的进攻策略之一。

7.4.5 小结

4种美国大学篮球经典进攻战术体系在进攻紧逼时，都认为快速发球是破坏全场紧逼最好的策略之一，中路策应能有效地破坏紧逼防守，能传球绝不运球推进，要有1名队员拖后成为安全接应点。他们之间的差异主要是理念上的差异，如三角进攻战术体系认为进攻紧逼时的区域是两个端线之间，不相信过了中场线就落阵地进攻的理论，防守方退回去了应该继续利用攻势进攻；而其他3种进攻战术体系都认为安全地推进球到前场是进攻紧逼的首要目的，进前场后应该发动阵地进攻。

7.5 应对快攻的策略分析

快攻作为最早的进攻战术策略，是每支球队都应该掌握的。速度是快攻的关键，但必须是在不失控情况下的快速。人数上的优势和在防守方形成落位前进攻的优势是快攻成功的主要条件。为了球队的快攻能够更有效，训练中必须让队员能够在快速行进中发现优势机会的存在，并且有创造优势的能力。

快攻主要来自对方进球后的快速底线发球、罚中球后的底线发球、后场篮板球、积极防守造成的抢断球或对方失误，以及很少的中场跳球。

三角进攻战术体系认为，当对方进球后或者罚中球后底线发球时，前锋队员和中锋队员要快下，而不是去发底线球，让离篮板最近的后卫队员去发球，另一名后卫队员接应。其他的进攻战术体系在没有遇到紧逼的情况下，大部分由4去发底线球，留控球后卫队员接应球，其他队员三线快下。发球队员首先看快下的队员，如果没机会再找后场接应的后卫队员。后场接应的后卫队员接球后要立即看前场是否出现空当，如果没有机会则可以运用后卫队员之间的回传球来推进球，尤其是遇到紧逼防守时。

后场篮板球发动的快攻应该是快攻形成的最主要机会。与抢断球或者由于防守的积极而使对方失误时形成的快攻机会一样，后场篮板球发动的快攻基本上没有既定的移动路线，主要遵循三线快下原则（2个边路和中路的补位快下）。每名队员都在这 3 条路线上与对手比赛速度，落在最后的 2 名队员成为拖后队员，准备退守和二次快攻。

跳球时，如果能确定争到球，那么快攻自然就可以形成。争取将球拨给相对来说身材高一点的前锋队员或者后卫队员。当球离开裁判员手的同时，另一名相对来说身材矮一点的队员立即向篮下快下，快攻得分机会就会出现。但很多时候，很难把握争到球，因此跳球更多的时候只是获得球权而已。

无论哪种进攻战术体系、无论哪种发动快攻的情况，球都应该尽快从中路推进。如果有可能的话队员要尽快传球，如果空当出现，一定要攻球，但是不要被迫地去传球，传球时要冷静。除了直接上篮的机会，其他情况下队员之间一定要保持 4.5 米左右的距离。保持空间距离是为了增大防守方在快速退守中的选择难度。

7.6 本章小结

进攻战术体系很像早些年美国专利局提出申请时所要求的可以实际运行的机械模型，无论对它的描述是多令人信服，如果依照这个机械模型不能生产出所描述的产品，也是不能得到专利的 [1]。同样，一个进攻战术体系既要从理论上有可行性，又要在实践比赛中运行并获得胜利。本书所列举的 4 种美国大学篮球经典进攻战术体系不但在理论上切实可行，而且在实际运用中都取得了非凡的成绩。

篮球比赛从某种程度上来讲是一种动态博弈，进攻方和防守方在一定的规则下有先后的行动，后行动者能够观察到先行动者所选择的行动。攻守博弈涉及策略、队员和效果 3 个要素。策略即战术理念和战术原则，队员即阵容配备，效果即根据策略和队员设计的战术方法及变化是否能赢球。

因此，设计进攻战术体系的战术方法及变化时要从战术理念出发，根据队员阵容的技术特点和能力来设计。战术理念的异同导致了战术落位、侧重技术的异

---

[1] 约翰·霍兰. 涌现：从混沌到有序[M]. 陈禹，等，译. 上海: 上海科学技术出版社，2001:4-5.

同，以及球在相同位置时的不同应对方式，应对人盯人防守、联防和紧逼以及快攻时也会有不同的方法。在训练中，队员要根据所设计的战术方法进行有针对性的分解训练，重视侧重技术的练习，并且在比赛中进行实战检验。根据比赛的情况，教练采用修正、再检验、再修正的方法来逐步构建进攻战术体系。

8 美国大学篮球经典进攻战术体系对我国篮球运动的启示

　　研究美国大学篮球经典进攻战术体系的形成背景、构成要素、它们之间的联系以及战术方法与变化，最终目的是为我国竞技篮球理论的丰富与发展提供有益的帮助与借鉴。这需要我们从外部环境与内部驱动力等方面进行认真地思考与反思，需要我们有足够的胸怀和勇气去吸纳美国篮球发展中的积极成分，并使之服务于我国竞技篮球理论与实践的发展。

8.1　竞技篮球理论应与比赛实践结合

8.1.1　一线教练著书立说的优良传统应得以传承

　　中华人民共和国成立初期，为了实现政治、外交和振奋民族精神等目的，我国政府采用社会主义计划经济手段调配全国资源发展竞技体育，建立了举国体制。在举国体制下形成了以"思想一盘棋、组织一条龙、训练一贯制"为指导方针的三级训练网，即以体育传统学校和中小学运动队为代表的初级训练形式，以体育运动学校和业余运动体校为代表的中级训练形式，以国家集训队和各省专业队为代表的高级训练形式。

　　举国体制是历史的需要和选择。从中华人民共和国成立时体育的百废待兴，到北京奥运会高居金牌榜首，中国竞技体育从基础差、底子薄到跃升世界"第一集团"，举国体制发挥了重要作用。

　　在举国体制建立的早期，我国篮球界曾出现过文武兼备的教练，他们著书立说，其理论成为我国篮球技战术理论体系的起点。书籍是知识的载体，也是篮球理论得以传承的工具之一。董守义、陈文彬、张光烈等是最为典型的文武兼备的一线教练。本书对早期一线教练著书立说的情况进行了梳理（表11）。这些一线教练都根据自己的执教经历，从篮球技战术训练、技战术风格、执教理念等方面进行了理论探索。据调查，在他们之后，一线教练能够在理论上有所贡献的人便寥寥无几了。

表11 我国早期教练出版书籍及发表文章的情况 [1]

书籍及文章	作者	作者身份
《篮球术》《篮球训练法》等	董守义	1917年以篮球队队长的身份代表中国赴日本参加第3届远东运动会，1927年后多次出任国家队教练
《中锋训练》《青少年篮球训练》等	王永芳	国家级教练，1952年担任上海体育训练班篮球总教练
《以快促变，全面提高——谈当前我国篮球技术风格问题》《如何提高篮球比赛的攻防速度》《篮球技战术训练法》等	高鹗	曾担任全国煤矿女篮教练、吉林省女篮教练、北京市女篮教练，曾被聘为中国男篮顾问
《关于"八一"队的技战术风格》《关于篮球的战术指导思想》等	张子沛	"八一"队男篮创始人之一，1952年开始担任"八一"队男篮教练
《篮球进攻战术的几个问题》《怎样培养有技术特长的篮球运动员》等	李方膺	1955年开始担任江苏省男篮教练，曾任中国青年男篮教练
《篮球技术、战术的运用》《球类运动的一般理论问题》等	陈文彬	1951年被选入国家队，1955—1965年任国家队男篮教练
《罚球》《快攻训练》《篮球运动员的心理训练》等	白金申	1952—1959年效力于国家队，1970—1980年任国家队女篮教练
《篮球几项技术研究》《篮球与孙子兵法》等	黄柏龄	1950年被选入国家队并任队长，1954年任国家队男篮教练
《美国大学生个人突破的脚步动作》《中锋技术》《篮球技战术汇编》等	杨洁	1953—1963年效力于中南区队、北京队和国家队，1963年任国家队女篮教练

1952年，教育部遵照国家政务院关于"以培养工业建设人才和学校师资为重点，发展专门学校，整顿和加强综合大学"的指示精神，决定创办中央体育学院。1953年，高等教育部、教育部、财政部、国家体委联合通知，确定"以北京师范大学体育系为基础在北京成立了中央体育学院"（1956年更名为北京体育学

---

[1] 孙民治，钟添发.中国篮坛群英录[M].北京：人民体育出版社，2008:2-88.

院，1993年更名为北京体育大学）。之后相继建立了6所体育院校（至今16所），开始系统培养包括篮球在内的体育专业人才，由此篮球领域的"学院派"走上了历史舞台。

笔者对2005—2015年国内16个体育核心期刊[1]的论文进行了统计分析。2005—2015年在这16个体育核心期刊上发表的关于篮球的论文达到1105篇，而作者为一线教练的仅10篇[2]，其他都是由大学教师、中学教师等撰写。在这10篇一线教练的论文中，有9篇是与他人合作撰写的，仅有钱利民教练的文章为独立撰写，内容大部分集中在对国家队的研究。

徐扬在《我国高校高水平篮球教练员存在的问题和对策研究综述》中对"学院派"教练和"实战派"教练进行了论述。"学院派"教练一般指从体育院校毕业，熟悉篮球专业理论，较少接触专业篮球运动训练，缺乏大赛执教经验，有一定的理论水平的教练；"实战派"教练一般指有过专业运动员经历，退役后直接转型为教练，具备丰富的执教体会和大赛经验，但是缺乏系统的理论知识和科研、学术交流能力的教练。[3]这也正是我国竞技篮球与院校篮球理论现状的映射。该研究所得出的结论是依据现实情况做出的判断。我国教练少有篮球战术理论研究的现实是改革开放以来我国体育体制运行下的结果。原本存在的一线教练研究战术理论、著书立说的传统已经丢失，这一点应得到重视。一线教练应传承研究战术理论的优良传统。

---

[1]　16个体育核心期刊分别是《北京体育大学学报》《沈阳体育学院学报》《武汉体育学院学报》《成都体育学院学报》《首都体育学院学报》《广州体育学院学报》《山东体育学院学报》《天津体育学院学报》《体育学刊》《体育与科学》《体育科学》《上海体育学院学报》《南京体育学院学报》《西安体育学院学报》《体育文化导刊》《中国体育科技》。

[2]　钱利民《对中国男篮目前存在问题的分析研究》，王守恒、李楠、王桂芝等《中国男篮与世界强队比较之分析——第16届世界男篮锦标赛之反思》，孙民治、杨伯镛《关于我国篮球文化的一些思考》，王艳、崔万军《高水平职业篮球赛季准备期力量训练新探——以NBL联赛总冠军江苏同曦为研究对象》，王守恒、都娟、宫鲁鸣等《我国篮球项目竞技体育后备人才培养发展的战略思考》，王守恒、宫鲁鸣、马猛《中国女篮防守战术能力评定指标体系与评定方法的理论研究》，王守恒、宫鲁鸣、李晓勇《中国女篮防守观念转变与创新探讨》，郑钢、郑薇、张春燕《外籍教练执教中国男篮的启示》，严精华、潘宁、张勇军等《中国男篮现状及发展的思考》，毕仲春、宫鲁鸣、叶庆辉等《世界篮球技战术发展新趋势——以第16届世界男篮锦标赛为例》。

[3]　徐扬.我国高校高水平篮球教练员存在的问题和对策研究综述[J].运动，2013（12）:14-15.

8.1.2 改善进攻战术体系追求统一的现状

中华人民共和国成立初期，中国体育处于艰难启动阶段，学校体育的理论几乎就是整个国民体育理论的全部。在"以苏联为师"的国策指导下，我国高校体育教学体系建设主动向苏联看齐，教科书的内容深深刻上了苏联影响的烙印。1961 年我国出版的第一本《体育理论》教科书，就是改编自《苏联体育教育理论》讲义。

苏联教育理论当时高度强调集中统一与正规化的思想对我国的教育事业产生了巨大影响，苏联教育自身存在的历史局限或偏向也被我们当作经验来学，教科书及教学大纲中本身存在许多形式主义，强调教学计划、大纲是"法律性质的文件"等也成为我们效仿的对象[1]。我国组织专家翻译苏联的教材，并编写全国统一的体育教材。统一的教学大纲、统一的教学计划、统一的教材，使全国体育院校在教学中有了可遵循的基本规范。

篮球学科的理论也在这个过程中得到了统一。20 世纪 70 年代初期，国家体育总局科教司组织全国体育院校的篮球专家，成立了以王世安等人为首的全国篮球教材编写组。篮球统编通用教材的结构内容一直沿袭了苏联模式，虽然在广度上不断丰富，但在核心的技战术内容方面，教材的知识体系还存在"大一统"的问题，尤其是在进攻战术体系部分。

表 12 列举的 5 部教材中对篮球战术体系分类的观点有：（1）分为进攻和防守两大体系；（2）分为进攻、攻守转换和防守三大体系。在对进攻战术体系进行分类时，5 部教材整体来说还是将进攻战术分成了快攻和阵地进攻两大类，而阵地进攻主要由进攻人盯人防守、进攻区域联防防守、进攻紧逼防守和进攻混合防守构成。

2000 年之后，我国篮球学者在一些学术文章中对进攻战术体系有了进一步的研究和分类。例如：按进攻发生的时间顺序将进攻战术体系分为快攻、衔接段、阵地进攻 3 个不可逆的战术形式。这种分类在国内达成了较为统一的观点。

---

[1] 姜树卿. 关于学习苏联教育经验的认识与评价[J]. 中国高教研究，2002（7）:80-81.

表 12　我国部分篮球教材中篮球战术分类及进攻战术体系构成对比

教材名称	篮球战术分类	进攻战术体系构成
球类运动. 篮球[1] （1988年）	进攻战术、防守战术	几个人的基础配合、全队进攻战术
球类运动. 篮球[2] （1989年）	整体进攻战术、攻守转换、整体防守战术	进攻基础配合，快攻，进攻人盯人防守（进攻半场紧逼、进攻全场紧逼），进攻区域紧逼防守，特定时间、区域的进攻战术配合
篮球[3] （1990年）	进攻战术、防守战术	进攻基础配合、快攻、进攻人盯人防守（进攻半场紧逼、进攻全场紧逼）、进攻区域联防防守、进攻混合防守
篮球[4] （1996年）	进攻战术、防守战术	队员个人行动（不持球队员进攻、持球队员进攻）、队员配合行动（两人配合、三人配合）、全队整体行动（快攻、阵地进攻）
篮球运动高级教程[5] （2000年）	整体进攻战术、攻守转换、整体防守战术	快攻、阵地进攻（进攻人盯人防守、进攻区域联防防守、进攻紧逼防守、进攻混合防守）

纵观我国篮球教材和学术文章对进攻战术的理论研究和论述都是从进攻战术体系的表现形式上对其进行分类的。这样的分类方式忽视了与比赛实践的结合。

剖析此现象的根源，主要有以下几方面的原因。（1）理论研究群体的教师身份。大部分篮球理论工作者是大学教师，没有执教高水平运动队的经历和经验，没有理论结合实践的条件。（2）篮球教学的需要。体育院校篮球理论主要是满足培养师资的需求。标准化的篮球教材内容和评价体系有利于未来教师的标准示范和知识的统一。（3）机械还原论教学思想的影响。将整体性的战术内容进行机械还原性质的分类有利于教师由浅入深地组织教学，但很难适应实战需要的针对性战术训练。

对竞技篮球来说，这样割裂的分类并不能够指导球队进攻战术体系的构建。

[1]　《球类》编写组. 球类运动. 篮球[M]. 北京: 高等教育出版社，1988:35.
[2]　孙民治. 球类运动. 篮球[M]. 北京: 高等教育出版社，1989: 1.
[3]　张维法. 篮球[M]. 桂林: 广西师范大学出版社，1990: 7.
[4]　体育院校成人教育协作组《篮球》教材编写组. 篮球[M]. 北京: 人民体育出版社，1996: 6.
[5]　全国体育院校教材委员会. 篮球运动高级教程[M]. 北京: 人民体育出版社，2000: 10.

刘卫东等在《中美篮球教学、训练理论对比与反思》一文中批判了国内篮球教材内容上的千篇一律，对相同问题的释义雷同较多，独到见解少，加之理论缺乏联系实际，结果一线的运动员和教练员对它参考并不多，从而失去了理论指导实践的作用。

篮球战术的出现是比赛竞争实践的需要，也是一线教练在比赛中对获胜途径的探索和归纳。比赛竞争的本质是博弈，克敌制胜的方法是在攻守发展过程中动态变化的，因此统一的战术风格和形式是不符合实战需要的。教练根据其战术理念设计的进攻战术也会受到比赛实践的反哺，需要在实战中对进攻战术加以调整和修正。

我国篮球理论主要以大学教师的研究为主，理论成果主要体现在篮球教材中。对于进攻战术体系的研究主要集中在对其表现形式的分类上，虽然不同版本的教材中有少许的差异，但整体结构相同，在全国范围内追求大一统，忽视了与比赛实践的结合。全国统一教材的编写、使用能够满足我国体育教育发展中教学的需要，但不能够满足高水平篮球训练、比赛实践的需要，造成了"实战派"教练对"学院派"教练提出的篮球理论不以为意的现状。

8.1.3 拓展思路、构建个性化进攻战术体系

篮球运动是由美国传入中国的。对中美两国篮球运动的历史进行比较，可以发现两种不同的篮球文化，这些对我国篮球运动健康发展至关重要。其中，我国篮球进攻战术体系主要集中在科学分类方面，在科学分类的基础上对每个具体的类别进行理论阐述和研究。目前已形成的比较统一的分类概念有：进攻战术体系是由快攻、衔接段、阵地进攻3个不可逆的战术形式构成的；阵地进攻又由进攻人盯人防守、进攻区域联防防守、进攻紧逼防守和进攻混合防守构成。

美国没有全国性的统一教材评审机构和全国统一编写的通用教材，因此在美国的篮球理论界，没有对进攻战术体系的统一概念。美国篮球的进攻战术体系都是教练在自己的战术理念指导下构建的，由队员阵容、战术原则和战术方法构成。多年来，美国已经形成了很多以教练为代表的经典的进攻战术体系，例如本

书所列举的 UCLA 进攻战术体系、普林斯顿进攻战术体系、三角进攻战术体系、移动进攻战术体系等（图 128）。

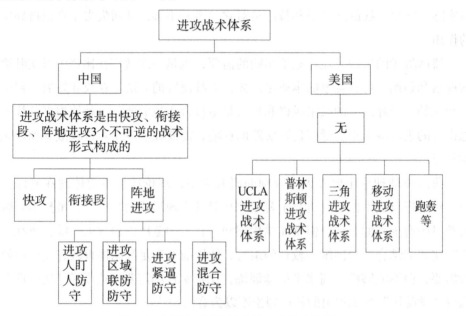

图128 中美篮球进攻战术体系分类比较图

从中美篮球进攻战术体系分类比较图中可以看出，两国是从不同的视角对进攻战术体系进行解析的。我国更偏向于形而上学的、机械化的分类方式，这是我国沿袭苏联篮球教学体系而来的产物，其优势是能够让教师和学生都清楚地知道进攻战术体系的构成，有利于教学。但是对竞技篮球构建球队战术体系来说，这种视角的进攻战术体系很难适合一个球队的具体特点，对解决实战问题帮助不大。这也是一线教练不愿意参考国内篮球教材理论体系的主要原因之一。

20 世纪 50 年代起，我国篮球强调快、灵、准的风格特点。1964 年，《继承、借鉴、创造——全国篮球教练座谈会侧记》中提出了关于我国篮球运动风格的问题，指出了在贯彻我国篮球运动风格的前提下，各队发展自己队伍某方面特长去建立各种流派和打法，不同的流派和打法相互学习，才能够共同促进和提高我国的篮球运动水平。这里的流派和打法就是指不同的战术体系。但是我国的篮球教练和学者没有进一步将其细化到具体的构建球队进攻战术体系当中。更可惜的是这种符合我国风格特点的战术体系没有很好地被传承，客观上我们丢掉了自己独有的战术思想。

通过上述分析可以看出，中美篮球进攻战术体系理论的差异在于：（1）进行理论概括的人群不同。我国进行理论概括的人群主要是没有高水平实践经验的篮球教师，而美国进行理论概括的人群基本上是篮球训练竞赛的一线教练。（2）理论概括的视角不同。我国的理论概括主要从战术体系的构成出发，追求大而全的概括，从教学的角度全面地认识进攻战术体系的构成；美国的理论概括主要从球队整体构建进攻战术体系的需要出发来构建进攻战术体系，从比赛实践中而来，更具个性化，能够更好地指导球队的比赛实践。

美国多样化的进攻战术体系来源于比赛实践，在教练的战术理念下被创建起来。战术理念的形成源于对篮球运动规律的认识，是客观存在的主观反映。由于人们对规律的认识水平、把握的视角不同，在主观反映时就会有所差异，这就形成了不同的战术理念。从球队构建进攻战术体系的整体需要出发，理论结合实践，对美国篮球进攻战术体系进行分析、学习、吸收，才能使我国篮球教练们拓展思路，在保持自己特点的基础上，使美国篮球经典战术体系成为构建各自球队的进攻战术体系的借鉴蓝本，使我国篮球进攻战术体系的建设向着百花齐放、百家争鸣的方向发展。

8.1.4 小结

美国进攻战术体系的形成、发展和广泛传播是在美国历史、社会、经济、科技等方面综合作用下形成的。对于我国篮球运动来说，除了这些以外，上述分析的我国篮球的发展历史、体育教育分离的制度等外部因素导致了进攻战术体系理论与比赛实践的相对脱离。体育应该是教育的一部分，运动员应接受正规教育，丰富思想观念。最终成为教练的那部分运动员应该是富于创新精神、眼界开阔、思维敏锐的佼佼者，这样才能实现理论与实践的紧密结合。

8.2 四大要素的具体运用与实施

教练及其战术理念、战术原则、阵容配备、战术方法及变化这 4 个要素互相联系、互相渗透。一个教练要构建自己的进攻战术体系，必须将这 4 个要素有机地结合起来，缺一不可。

8.2.1 重视教练进攻战术理念的构建

通过前文的分析研究，笔者认为教练及其战术理念是构建进攻战术体系的核心要素，起到纲领性的作用。

首先，教练是战术体系的创建者。美国篮球进攻战术体系的形成是多方面因素综合作用的结果。除了美国发达的经济和科技保障外，备受重视的教育为教练的成长、成才夯实了基础。

其次，战术理念重于方法路线。单一的进攻战术配合和选择不能体现战术体系的整体性。所有的进攻战术体系都建立在永恒的篮球规律之上，因此它们之间必然存在相同的进攻战术方法。进攻战术体系没有对错之分，重要的是在不同的理念指导下根据球队的情况找到适合的进攻战术体系。4 种美国大学篮球经典进攻战术体系从落位到基本战术和变化，有很多相似的地方，仅从一个点看战术打法很难看出是哪种进攻战术体系能发挥作用，只有联系地、整体地看，才能看出进攻战术体系的运行特点。同样的进攻技术和比赛中的客观规律，不同的战术理念却造就了不同的进攻战术体系，这从一定程度上决定了比赛的胜负。

一个人的成长不在于经验和知识，更重要的在于他是否有先进的观念和思维方式 [1]。篮球运动是不断发展变化的，因此关于篮球进攻战术的理念也不是一成不变的，需要在实践中不断地完善。

良好的教育背景是形成战术理念的基础。高等教育和文科相关知识的学习在一定程度上帮助了教练的成长。这是美国篮球教练的普遍现状，即他们不一定有显赫的学位，但一定接受过高等教育。

---

[1] 哈佛大学校训。

我国学者在对篮球进攻战术体系进行研究时，忽略了教练的战术理念与战术体系的内在联系。教练本身的战术理念是进攻战术体系得以创建发展的内部驱动力，他们对构建个性化战术理念重要性的认识能够激发他们的创新思维。

要成为一名体系型的教练，不但要不断地学习，还要不断地总结归纳，结合自己的价值取向形成相对稳定的战术理念。约翰·伍登教练的团结、平衡理念，皮特·卡里尔教练的智慧理念，泰克斯·温特教练的构建三角理念，鲍勃·奈特教练的不断移动理念，都是他们在实践中不断学习、不断积累而最终形成的相对稳定的战术理念。

在实际构建战术理念的过程中，制约我国教练的根本因素是文化水平较低，对战术理念的重视程度不够，不能够与时俱进地运用科技手段去丰富自己的知识内涵。不同的战术理念偏向会形成不同的进攻战术体系。团队协作，扎实的基本功，精准的细节执行力，阅读防守的能力，无球移动的牵制，攻守平衡、强弱侧平衡等是永恒的战术理念，值得我国教练借鉴。

8.2.2 设计细致严谨的战术原则

教练应在稳定的战术理念之上不断地发现、添补或精简战术原则，最终形成符合自己的战术理念和有实际可操作性的战术原则。战术原则来源于教练对篮球客观规律的认识和总结，与各自的战术理念相辅相成，并体现战术体系的核心打法。UCLA 进攻战术体系的 10 条战术原则、普林斯顿进攻战术体系的 24 条战术原则、三角进攻战术体系的 7 条战术原则、移动进攻战术体系的三大基石战术原则和内外线的战术原则都充分体现了教练的战术理念，并保证了各自主要打法的实施。

空间原则、三角原则、强弱侧平衡原则、有目的的移动原则、突破原则、队员位置多元化原则等是本书所研究的 4 种美国大学篮球经典进攻战术体系共有的原则。正如约翰·伍登教练在《UCLA 大学进攻战术》一书中说到的，这些都是篮球运动中"永恒的有效战术原则"。因此，教练在制定自己的战术原则时，应考虑这些战术原则与自己战术理念的契合度，并有所侧重，保证战术体系核心打法的实施和运用。

8.2.3 根据战术体系需求选择最佳阵容配备

有条件的情况下，教练应根据自己的战术理念去选择队员，有能力的队员也应选择符合自己技术特点的球队。互联网的普及为此提供了条件，教练可以通过队员自制的训练、比赛视频来提前了解其个人技术特点，从而判断是否适合自己的进攻战术体系。队员也可以通过提前看球队的比赛来判断自己是否适合该球队。但从目前国内的选材途径和手段来看，并没有充分地利用好这一方法。利用好互联网，提高教练的文化水平、计算机运用技能和信息收集能力是形成最佳阵容配备的基本保障。

当教练和队员没有选择彼此的可能性时，作为教练应尽可能地了解自己所处的球队特点，在坚持自己的战术理念和战术原则的前提下调整进攻战术体系。

从本书研究的 4 种美国大学篮球经典进攻战术体系对队员的要求来看，虽然各有侧重，但都对队员的基本功有较高的要求。因此，不管在何种情况下，对队员基本功的要求都应该摆在很高的位置。场上队员的整体行为比个人行为的总和要复杂得多，合理地配备阵容从而发挥每一名队员的特点和能力是教练在构建自己的战术理念、战术原则、设计战术时应考虑的重要因素。

8.2.4 合理设计进攻战术方法及变化

一个有效的进攻战术体系既要从理论上有可行性，还要在比赛实践中运行并获得胜利。个性化的进攻战术体系应该具备进攻人盯人防守、进攻联防防守、进攻紧逼防守、快攻等功能。

战术的设计主要包括战术落位、基本战术方法及变化。研究中发现，教练的战术理念从战术落位的设计中就能显现出来。例如，UCLA 进攻战术体系和三角进攻战术体系都倾向于用 2-2-1 战术落位，目的是保持战术发动的平衡性和两边都可以运行的灵活性；而普林斯顿进攻战术体系 2-2-1 战术落位的目的是保证中锋队员能够在高位接球，从而将罚球线以下的区域拉空。

每个进攻战术体系都由若干个基本战术及其变化组成，每个战术之间都能够互相转化，不同进攻战术体系对配合性技术有不同的要求。UCLA 进攻战术体系和三角进攻战术体系都强调强弱侧的牵制，弱侧无球队员通过移动、掩护，甚至双掩护来牵制对手，为了避免移动的多样性导致的冲突，所有的掩护发生的位置都有章可循。普林斯顿进攻战术体系中无球队员的反跑和有球掩护是被强调的主要技术。移动进攻战术体系中传球、切入和掩护是它的三大基石，每一处都体现出教练的战术理念。

在进攻联防、进攻紧逼、快攻时，教练也是根据其战术理念、战术原则、队员情况来制定进攻策略的。通过对 4 种美国大学篮球经典进攻战术体系的剖析，教练应该可以从中找到一些适合自己执教球队的方法和变化，结合自己现有的战术理念，坚持构建相对稳定的个性化进攻战术体系。

8.2.5　小结

教练及其战术理念、战术原则、阵容配备、战术方法及变化 4 个要素相辅相成，既互相制约又各自独立。战术理念统领其他 3 个要素，反过来其他 3 个要素也同时对战术理念进行修正。因此，教练在构建自己的进攻战术体系时，不但要重视战术理念的构建，还要综合考虑其他因素。

8.3　"快而不乱"的进攻战术体系发展趋势

篮球比赛最初没有任何时间限制。1933 年 NBA 出现了必须 10 秒推进到前场的规则，NCAA 从 1937 年开始执行这一规则。2000 年 FIBA（国际篮球联合会）将这一时间修改为 8 秒，2001 年 NBA 也采用了 8 秒推进到前场的规则。1954 年 NBA 采用了 24 秒进攻时间的规则。1956 年 FIBA 采用了 30 秒进攻时间的规则。2000 年 FIBA 也采用了 24 秒进攻时间的规则。2014 年 10 月 1 日开始执行的最新 FIBA 规则，出现了前场 14 秒进攻时间的规则。

一系列时间规则的变化都是为了压缩比赛进攻的时间，加快比赛的节奏，提高比赛的观赏性。可见，快速的比赛节奏是篮球运动发展的趋势。进攻战术体系简洁、灵活、富于变化、高度对抗成为现代篮球的标签。

研究美国篮球进攻战术体系，我们需要的是学习，而不是片面、机械地模仿。我国著名画家齐白石先生曾有名言："学我者生，似我者死。"美国思想家爱默生也说过："羡慕就是无知，模仿就是自杀。"模仿永远成不了经典，模仿永不可能超越前人，相反，还可能迷失方向。学习，不是跟着他人亦步亦趋，而是要善于汲取他人的思想、经验、教训，从而根据自己的实际情况，修正方向，最终找到自己能够驾驭的、符合现代篮球发展趋势的进攻战术体系。教练应从经典进攻战术体系中汲取营养，成就独特的、自己的进攻战术体系。

美国篮球虽然也有一段的低谷时期，但总体来说还是一直保持着世界先进水平。综观 NBA 赛场和 NCAA 赛场，UCLA 进攻战术体系的纵切战术，普林斯顿进攻战术体系的中锋策应（以反跑为特征）和下颚战术，三角进攻战术体系的边路三角战术等经常出现。美国著名的教练迈克·沙舍夫斯基[1]运用自己改良的移动进攻战术体系获得了一次又一次的成功，2015 年 1 月他获得了个人执教生涯的第 1000 场胜利，超越了传奇名宿教练鲍勃·奈特，成为 NCAA 一级联盟中取得执教胜利场次最多的教练。一代代美国教练学习、融合的战术体系创新观念，使得美国篮球进攻战术体系能够百花齐放、长盛不衰。

篮球经典进攻战术体系不是必胜法。胜利的关键是能够因时、因队，在先进的战术理念指导下，制定出符合客观规律的战术原则，设计出合理的、有针对性的、能够最大限度发挥本方队员潜力的、能抢先对手占据主动的战术打法。战术打法能衍生出无限变化，这些变化是多种要素最优组合的动态运用。在高速发展的现代篮球比赛中，追求进攻战术体系的螺旋式上升发展，打破原来"慢则稳，

---

[1] 迈克·沙舍夫斯基，美国篮球名人堂教练，执教杜克大学男篮队35年，10次闯入NCAA决赛，3次夺冠，曾率领美国男篮参加北京奥运会和伦敦奥运会。

快则乱"的旧观念，在跑轰时代[1]追求"快而不乱"的理念，学习并融合经典进攻战术体系中的有效打法，创造具有高度观赏价值的篮球比赛是篮球运动发展所追求的目标。

---

[1] NBA2003—2004赛季，纳什带领的太阳队以"7秒"进攻的速度拉开了快攻时代的序幕，被网友称为"跑轰时代"。

参考文献

[1] 杨桦.现代篮球战术 [M].北京：北京体育大学出版社，2012.

[2] 张勇.现代篮球战术体系的系统研究 [D].北京：北京体育大学，2005.

[3] 薛岚，虞重干.篮球进攻的阶段性及其技战术特征 [J].武汉体育学院学报，1999（5）：43-45.

[4] 王守恒，朱浩，齐宁.篮球进攻技战术概念诠释 [J].首都体育学院学报，2008（1）：5-9，24.

[5] 胡英清.面向现代篮球战术发展构造篮球进攻战术体系 [J].体育科技，2000（3）：19-22.

[6] 郑尚武.论篮球进攻战术系统的若干理论问题 [J].北京体育大学学报，2003（2）：282-284.

[7] 薛岚.论篮球战术系统 [J].中国体育科技，2001（12）：16-18.

[8] 曹东.NBA 经典进攻模式研究——以圣安东尼奥马刺队为个案 [D].北京：北京体育大学，2007.

[9] 阮永福，郭永波，李强.现代篮球"跑轰"战术特征及应用的研究 [J].西安体育学院学报，2011，28（6）：729-734.

[10] 中国社会科学院语言研究所词典编辑室.现代汉语词典 [M].7 版.北京：商务印书馆，2016.

[11] 约翰·霍兰.涌现：从混沌到有序 [M].陈禹，译.上海：上海科学技术出版社，2001.

[12] BEE C.Man-to-Man Defense And Attack[M].New York：A.S.Barnes and Company，1942.

[13] 拉尔夫·皮姆.制胜篮球：篮球进攻技术与训练 [M].徐军海，陈健，李刚，译.北京：人民体育出版社，2005.

[14] 刘卫东，宋君毅，李明达，等.中美篮球教学、训练理论对比与反思 [J].山东体育学院学报，2008（5）：52-54.

[15] 叶天宁.美国篮球教学用书编写特色研究 [D].北京：北京体育大学，2015.

[16] HOBSON H A.Scientific Basketball[M].New York：Prentice-Hall INC，1950.

[17] 林达.历史深处的忧虑：近距离看美国 [M].北京：生活·读书·新知三联书店，1997.

[18] 池建.美国大学竞技体育管理体系的研究 [D].北京：北京体育大学，2003.

[19] TOWNSEND D.Basketball：The American Game[M].Chicago：Follett Publishing Company，1971.

[20] 辞海编辑委员会.辞海 [M].上海：中华书局，1936.

[21] 戴维·波普诺.我们身处的世界：波普诺社会学 [M].李强，等，译.北京：中国人民大学出版社，2014.

[22] GITLIN T.The Sixties：Years of Hope，Days of Rage[M].New York：Bantam Books，1993.

[23] 本·卡森.美利坚沉思录：伟大国家的自白与自省 [M].裴筱宁，译.北京：中信出版社，2014.

[24] 付瑞.美国优秀篮球教练员成长经历研究 [D].北京：北京体育大学，2013.

[25] 威廉·詹姆斯.实用主义 [M].陈羽纶，孙瑞禾，译.北京：中国青年出版社，2013.

[26] HOBSON H A.Scientific Basketball[M].New York：Prentice-Hall INC，1950.

[27] 张卫平.谜一样的人：美国篮球教练鲍勃·奈特印象记 [J].体育博览，1986（5）：16-18.

[28] STEVE N.Football Offense-Developing Your Offensive Philosophy[J/OL].Football-tutorials，2012（6）：10[2014-06-20].https：//www.football-tutorials.com/football-offense/.

[29] 约翰·伍登，杰伊·卡迪.伍登教练成功金字塔 [M].戴琳，译.北京：中国电影出版社，2008.

[30] WOODEN J，NATER S.John Wooden's UCLA Offense[M].Illinois：Human Kinetics，2006.

[31] CARRIL P，WHITE D.The Smart Take from the Strong：The Basketball Philosophy of Pete Carril[M].Nebraska：Bison Books，2004.

[32] WINTER T.The Triple-post Offense[M].Manhattan：Ag Press，1997.

[33] KNIGHT B.Motion Offense[M].San Francisco：Pearson Education，Inc.，1999.

[34] SHERIDAN D.Basketball's Princeton-style Offense[M].England：Wish Publishing，2008.

[35] WINTER T.The Triangle Offense[J].FIBA Assist，2007（27）：8-22.

[36] FRANKY B.NBA 编年史之 1990—1993：公牛王朝（上）[EB/OL].（2015-08-17）[2016-01-03].http：//nbachina.qq.com/a/20150817/004397.htm.

[37] 郭永波.篮球运动教程 [M].北京：北京体育大学出版社，2005.

[38] SHELBURNE R. Kobe stresses patience with offense[EB/OL]. （2012-11-02）[2015-12-10]. http：//www.espn.com.sg//os-angeles/nba/story/-/id/8581957/kobe-bryant-los-angeles-lakers-stresses patience-new-princeton-offense.

[39] 孙民治，钟添发 . 中国篮坛群英录 [M].北京： 人民体育出版社，2008.

[40] 徐扬 . 我国高校高水平篮球教练员存在的问题和对策研究综述 [J]. 运动，2013（12）： 14-15.

[41] 姜树卿 . 关于学习苏联教育经验的认识与评价 [J]. 中国高教研究，2002（7）：80-81.

[42]《球类》编写组 . 球类运动： 篮球 [M].北京： 高等教育出版社，1988.

[43] 孙民治 . 球类运动： 篮球 [M].北京： 高等教育出版社，1989.

[44] 张维法 . 篮球 [M].桂林： 广西师范大学出版社，1990.

[45] 体育院校成人教育协作组《篮球》教材编写组 . 篮球 [M].北京： 人民体育出版社， 1996.

[46] 全国体育院校教材委员会 . 篮球运动高级教程 [M].北京： 人民体育出版社，2000.

[47] TREME J，BURRUS B，SHERRICK B.The impact of recruiting on NCAA basketball success[J].Applied Economics Letters，2011，1（15）.

[48] MECHIKOFF R A.History and Philosophy of Sport and Physical Education： From Ancient Civilizations to the Modern World[M].New York：McGraw-Hill Education，2013.

[49] SEABORG J.Beyond the Clipboard：Coaching Philosophies for Building Strong Teams[M]. Texas：Virtualbookworm.com Publishing，2009.

[50] 约翰·伍登，斯文·纳特 . 约翰·伍登的 UCLA 大学进攻战术体系： 现代美国篮球 进攻战术理论与方法解析 [M].毕仲春，陈丽珠，李梁华，等，译 . 北京： 人民体育出版社， 2007.

[51] 唐松林 . 教师行为研究 [M].长沙： 湖南师范大学出版社，2002.

[52] 李杰凯 . 论我国篮球教材技术分类的新体系 [J]. 上海体育学院学报，1999（2）：1-7.

[53] 张文兰，刘俊生 . 基于设计的研究——教育技术学研究的一种新范式 [J]. 电化教育研 究，2007（10）：13-17.

[54] 田福海 . 大学篮球教学与训练 [M].沈阳： 辽宁大学出版社，1993.

[55] 易彬之 . 美国 NBA 的全能主帅——记美国职业篮球教练雷尼·威尔金斯 [J]. 中国体育

教练员, 1996（1）: 36-37.

[56] 李治. 浅析美国篮球的成功因素及对中国篮球的影响 [J]. 新西部（下半月）, 2008（9）: 217, 194.

[57] 黎宝骏. 美国最佳篮球教练迪安·史密斯的成功原因 [J]. 体育科研, 1982（12）: 16-17.

[58] 张新萍. 美国精神与竞技运动文化关系的阐释 [J]. 体育文化导刊, 2004（12）: 50-52.

[59] 陈昀岚, 陈勇. 实用主义: 美国创新机制的哲学基础 [J]. 黑河学刊, 2006（1）: 5-8.

[60] 吕秋壮, 孙荣辉. 我国篮球运动科研特征分析 [J]. 北京体育大学学报, 2007（S1）: 75-76.

[61] 邹月辉, 李芃松, 张爱红. 美国大学生运动员招生选拔的发展经验及启示 [J]. 北京体育大学学报, 2013, 36（8）. 101-105.

[62] 王岩. 从"美国精神"到实用主义——兼论当代美国人的价值观 [J]. 南京大学学报, 1998（1）: 34-40.

[63] 费瑛. 中美高校篮球教练员相关问题的对比研究 [J]. 山东体育科技, 2008, 30（4）: 85-86.

[64] 郭永波. 篮球文化的理论框架构建 [D]. 北京: 北京体育大学, 2004.

[65] 郭杰. FIBA 与 NBA 的规则演变对篮球技战术发展的影响研究 [D]. 石家庄: 河北师范大学, 2006.

[66] 赵世飞. 从马克思主义哲学的视角论推动篮球运动演变的因素 [D]. 济南: 山东师范大学, 2003.

[67] 何玲. 篮球规则的演变与篮球技战术发展的研究 [D]. 武汉: 武汉体育学院, 2006.

[68] 杨桦, 姜登荣. 篮球运动的起源及其在中国初期发展的历史考略 [J]. 成都体育学院学报, 1997（1）: 32-36.

[69] 姜元魁. 论系统论视角下的篮球运动基本规律 [D]. 济南: 山东师范大学, 2003.

[70] 曾晓彬, 陈章顺, 文亚龙. 略论文艺复兴运动与近代体育思想的形成 [J]. 郴州师范高等专科学校学报, 2002（6）: 101-102.

[71] 张宝华, 陈革新. 试论世界职业体育俱乐部兴起的历史背景 [J]. 北京体育大学学报, 2000（1）: 5-6.

[72] 孙葆丽. 试论文艺复兴运动与近代体育的关系 [J]. 北京体育学院学报, 1989（2）: 13-16.

[73] 石龙，谭华. 西方体育运动观的历史变奏——《体育史与体育哲学：从古代社会到当代世界》评介 [J]. 体育文化导刊，2006（11）：79-82.

[74] 孙鹏飞. 从《孙子兵法》谋略思想的角度探究篮球进攻战术 [D]. 济南：山东师范大学，2011.

[75] 陈鑫. 对篮球"移动进攻"战术的探讨 [J]. 衡阳师范学院学报，2004（6）：110-111.

[76] 魏云芬. 对篮球运动中阵地进攻方式的运用研究 [J]. 青海师范大学学报（）自然科学版），2004（4）：91-94，104.

[77] 香成福，王建民. 对现代篮球运动的技战术探讨 [J]. 四川体育科学，2002（3）：30-33.

[78] 赵志男. 解读篮球"三角进攻"战术——现代篮球"五行"思想的内部规律与逻辑建构 [J]. 中国学校体育（高等教育），2014，1（7）：69-76.

[79] 郑尚武. 篮球进攻战术分类问题初探 [J]. 广州体育学院学报，2001（3）：85-88.

[80] 程保华，胡海松. 篮球进攻战术配合的变化 [J]. 黄石教育学院学报，2002（1）：47-49

[81] 谢军奎，闫亮. 篮球进攻战术体系的发展过程 [J]. 考试周刊，2008（43）：151-153

[82] 姚颂平. 篮球移动进攻法的介绍 [J]. 上海体育学院学报，1981（4）：77-82.

[83] 张杰. 篮球移动进攻法浅析 [J]. 成都体育学院学报，1996（1）：55-56，96.

[84] 于振峰，王晨宇. 篮球战术创新原理新探 [J]. 成都体育学院学报，2005（1）：60-62.

[85] 赵映辉，丁丽萍. 现代篮球技、战术创新理论的研究 [J]. 西安体育学院学报，1998(1)：54-58.

[86] 魏兴东. 论篮球进攻战术系统的若干理论问题 [J]. 当代体育科技，2014，4（5）：161-162.

[87] 薛岚. 论篮球运动的本质特征及发展趋向 [J]. 北京体育大学学报，2001（1）：12-14.

[88] 蔚世超，薛岚. 美国大学篮球教练员训练理念的研究 [J]. 北京体育大学学报，2013，36（8）：128-133.

[89] 陈国瑞，武国政，李兰. 美国高等院校怎样招聘教师——教练员 [J]. 中国学校体育，2000（2）：31.

[90] 滕朝阳，郭永东. 美国职业篮球进攻与防守的技、战术特征 [J]. 成都体育学院学报，2003（1）：54-56

附　录

附录A　移动进攻战术体系战术原则具体方法图示

1. 传球的战术原则。球的落点要远离防守方队员，不能只考虑球传给进攻队员。短促、有力的传球是移动进攻的基本功，尤其是当你想在整个进攻战术体系中尽量减少运球时。图 129 展示的是 3 只想着传球给 5，这样的直接传球很容易被 ×5 破坏；图 130 展示的是远离防守方队员的传球。

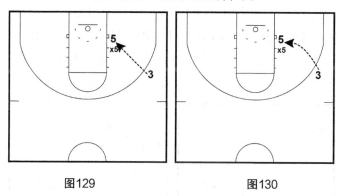

图129　　　　　　　　　　　图130

2. 切入的战术原则。在做切入时要根据防守方队员的位置来进行"V"切，一般来说都是从远离球的一侧向球切入。切入可以是 1 对 1 的行动，也可以利用同伴的掩护来进行。在图 131 中，×2 的防守位置较高，这时 2 就要把他往上带，然后突然"V"切向篮下要球；在图 132 中，×2 的防守位置较低，这时 2 就要把他往下压，然后突然"V"切向高策应位置要球。

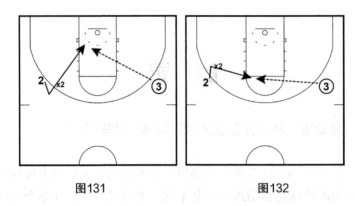

图131   图132

3. 掩护的战术原则。掩护队员和被掩护队员要互相合作才能做好掩护。掩护的角度是掩护质量的保证。

移动进攻战术体系主要采用纵掩护和横掩护。图 133 为纵掩护，掩护队员给位于底线附近的队员做掩护；图 134 为横掩护，低策应位置的队员给外线队员做掩护。鲍勃·奈特教练主张无球掩护，绝不给有球队员做掩护。他认为给有球队员做掩护会破坏整个移动进攻，并且还会造成过度运球。

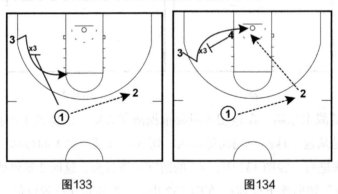

图133   图134

不管是纵掩护还是横掩护，掩护队员必须清楚防守方队员的位置，并且找到合适的角度进行掩护，和被掩护队员一起配合才能形成高质量的掩护。同样的战术落位和球的位置，但是由于防守方队员位置的不同就要选择不同的掩护角度，这样才能让掩护成功。图 135 中防守方队员位置较低且离得较远，这时 1 给 3 做纵掩护，3 做一个 "V" 切后利用掩护，可以很轻松地在罚球线区域获得空位得分机会；图 136 中防守方队员位置较高，这时 1 给 3 做背掩护，3 做一个 "V"

切后利用掩护切向篮下，能够获得空位得分机会。另外，掩护时如果防守方采用交换防守的策略，那么持球队员要特别注意掩护队员的机会。

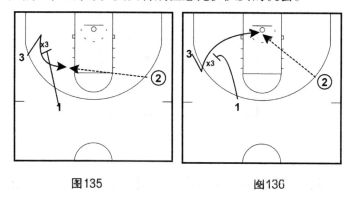

图135   图136

4. 低位策应一般都在弱侧。低策应位置可以接受来自弱侧外线和高位队友的纵掩护，是最容易进行双掩护的位置，也是最容易利用掩护接球投篮得分的位置。但是如果低位策应位置的队员没有获得投篮机会，那么他有 3 种移动选择：利用高位队员的下掩护移动到强侧高位策应（图137）；利用外线队员的纵掩护移动到外线，然后遵循外线的战术原则（图138）；给外线队员做背掩护（图139）。

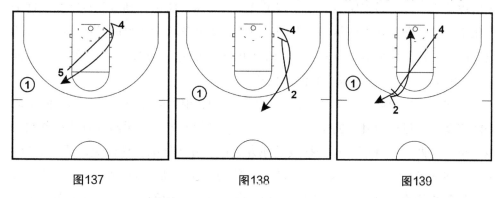

图137   图138   图139

5. 低位背掩护。当强侧低位的队员有机会时，要尽量攻球，获得篮下单打的机会。如果低位队员接不到球，球转移时，低位策应位置的队员应立即向外移动给外线队员做背掩护，形成横掩护，外线队员 3 利用掩护横切至篮下要球进攻（图140）。当 3 转移球时，3 的防守方队员会放松警惕并且回收，这时突如其来的掩护可以为 3 创造非常好的切入篮下获得空当得分的机会。

图140

附录B　4种美国大学篮球经典进攻战术体系战术变化具体方法图示

1. UCLA 进攻战术体系高位进攻战术 1：后卫导入—高位中锋进攻变化

变化1：2-2-1 落位阵型下，后卫导入—高位中锋进攻变化是指在后卫队员将球传给高位 5 后，为了应对防守方的预判与阻碍，战术的运行可以有多种变化。1 和 2 可以从原来向中间移动后迅速拉开改变为交叉跑动拉开。这个移动必须由攻球给中锋的后卫队员先动，有了这样的规定，队员移动会更有默契。这个变化主要是根据防守方队员的情况来进行的，多样化移动的目的是迷惑防守方队员，进而对其进行牵制（图141）。如果 5 传球给外线 1（或者 2），同样形成 1（或者 2）在翼侧的 4 种传球或突破的进攻状态。

变化2：后卫队员将球传给高位 5 后，1 和 2 根据防守方队员的情况除了向中间移动然后迅速拉开、向中间移动后直接交叉拉开外，如果防守方队员预判后卫队员会向两边拉开而选择交换或其他方式在三分线外围守株待兔，那么 1 和 2 可以直接交叉后向篮下切入（还是攻中锋球的外线先动）（图142）。1 和 2 切入篮下后如果没有直接上篮的空当，3 和 4 向下移动为他们做掩护，1 和 2 拉出到外围接 5 的传球，其间，3 和 4 在掩护后可以直接篮下转身要位。如果 5 传球给 1（或者 2），同样形成 1（或者 2）在翼侧的 4 种传球或突破的进攻状态。

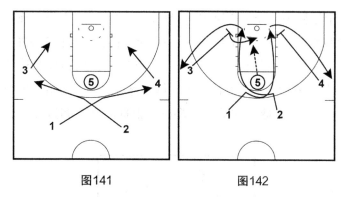

图141　　　　　　　　　　图142

变化3：在战术执行过程中，2 名后卫队员根据自己的判断，也许不能够同时做出拉开、切入等决定。例如，如果攻球给 5 的 2 观察到防守方队员的情况后选择直接纵切入篮下，那么 1 可以像基本配合那样移动后拉开来牵制防守方队员。2 如果纵切没有获得直接上篮的机会，4 要向下移动给 2 做掩护，那么 5 传给 1（或者 2），同样形成 1（或者 2）在翼侧的 4 种传球或突破的进攻状态（图 143）。

变化4：2 攻球给 5 后，3 和 4 反跑。4 反跑到篮下后继续移动，3 为其做掩护，5 传球给 4，4 可以直接获得中距离跳投的机会。另外，2 攻球给 5 后，向中间移动，为 1 做无球掩护，1 利用 2 的掩护向篮下切，由于 4 溜底切出，右侧篮下出现空当，1 可以在这个区域获得空当接 5 的传球上篮（图 144）。如果 4 切出来后没有直接中距离跳投的机会，他就相当于与 1 互换了位置，4 成为左侧外线翼侧队员。5 如果选择传球给 4，那么就形成了 4 在翼侧的 4 种传球或者突破的进攻状态。

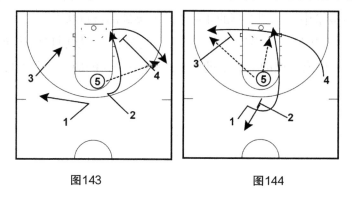

图143　　　　　　　　　　图144

　　当然，这个过程中，如果3掩护后转身篮下要位或者在没有掩护前就拆向篮下，5也可以攻球给3，3直接篮下得分。如果这些机会都没有，2向外弹出接应球，5传球给2后，向下移动为1做无球掩护，1利用掩护向罚球线移动要球，有机会可以投篮；与此同时，4向下移动为3做无球掩护，3利用掩护切出寻找空当投篮机会（图145）。无球移动的队员都应该根据防守方和持球队员的情况注意移动的时机。

图145

　　2. UCLA进攻战术体系高位进攻战术2：后卫—后卫—前锋——外线绕切战术变化

　　延续1：如果4具有非常好的内线单打优势，那么3在利用双掩护切出后，立即传球给插向高位的2，4在弱侧立即向篮下要位接2的攻球进攻。1要及时地移动，不但要牵制防守方队员，还要与4和2在新的强侧形成三角进攻阵型，帮助2攻球给4（图146）。如果2选择传球给1，就形成了前面介绍的后卫导入—高位中锋进攻战术中，球到翼侧的4种传球或突破的进攻状态。

　　延续2：3利用掩护切出后没有直接进攻的机会，1摆脱将球接应回来，4插罚球线，1和4形成一侧的2对2进攻（图147）。新的弱侧2和5可以再次为3形成双掩护。

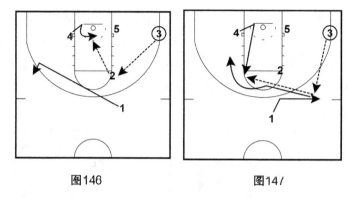

图146   图147

当防守方致力于破坏基本进攻战术时，很多其他的变化就可以用来应对。

变化1：如果后卫2在比赛中有身高上的优势，或者2本身具有比较强的低位进攻能力，那么在2外切后可以直接到右侧低位要球单打。5可以向下移动为弱侧的3做无球掩护，2的移动将牵制他的防守方队员。此时就形成了前面介绍的后卫导入—高位中锋进攻战术中，球到翼侧（右侧4持球）的4种传球或突破的进攻状态（图148）。

变化2：当1接应4的回传球后，4利用5的掩护切入篮下（图149）。如果2有篮下单打的优势，1可以运球到翼侧攻球给2，5去给3做掩护牵制防守方队员并寻找机会。1持球在右翼侧，即处于4种传球或突破的进攻状态（图30）。

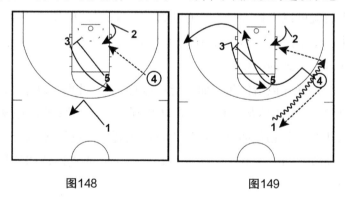

图148   图149

变化3：当1接应4的回传球后，4如果有篮下单打的优势，可以直接给2做下掩护，1传球给2，4看到2接球的瞬间篮下要位、要球单打（图150）。2持球在翼侧，即处于4种传球或突破的进攻状态。

变化4： 如果战术的运行受阻，1防守错位，无法将球接应回来，那么4向弧顶运球，5下到分位线和2一起为3做定位双掩护，3溜底利用2和5的掩护找空当；1向篮下反跑，由于3溜底找掩护的行动，篮下会出现很大的空当，有利于1的反跑（图151）。4可以攻球给反跑的1，3利用掩护出来找空当，2和5掩护完要注意拆开。

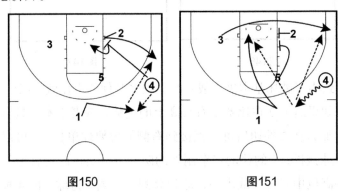

图150   图151

3. UCLA进攻战术体系高位进攻战术3： 后卫—后卫—前锋——UCLA切入进攻变化

变化1： 如果2有较强的篮下低位单打能力或在对位上有优势，那么2利用5的掩护切入后就可以直接在低位要球进攻。5掩护后根据防守方的情况可以直接下顺要球得分，也可以去给3做掩护（图152）。进攻阵型落到了4在右翼侧持球的4种传球或突破的进攻状态。

变化2： 当前锋4被错位防守而不能接球时，2立即回传球给1，3摆脱在翼侧接球（图153）。由于球从场地的一侧转移到另一侧，原来的弱侧变成了新的强侧，防守方很难进行错位防守，因此3可以顺利地在翼侧接到球，这样战术就从新的一侧开始进行了。1利用5的掩护切入篮下，或直接往弱侧切走，5下顺到低位要球进攻。

5低位单打，1可以溜底利用5的手递手传球寻找得分机会。5也可以将球分出来，2和4在一侧形成2对2进攻（图154）。

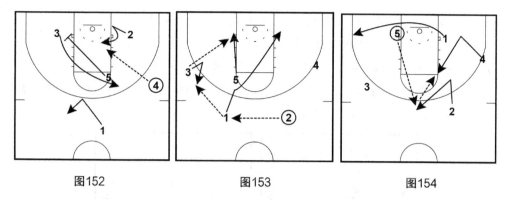

图152　　　　　　　　图153　　　　　　　　图154

4. UCLA 进攻战术体系高低位进攻战术 1：后卫—高位策应战术变化

变化 1：如果 4 提罚球线后不能够接 1 的攻球，那么 1 可以将球立即转移给翼侧的 3。3 与 5、4 形成一侧的三角进攻（图 155）。3 可以将球攻给低位有较强单打能力的中锋 5，或传球给 4 再攻球给 5。

变化 2：4 在高位接到球后，5 如果低位被防住，上提到罚球线，4 传球给 5，3 反跑，5 传球给 3 上篮得分（图 156）。5 也可以直接给 3 做背掩护，4 根据防守方的情况选择攻球给 3 上篮或者在 5 的掩护下下顺、拆开。

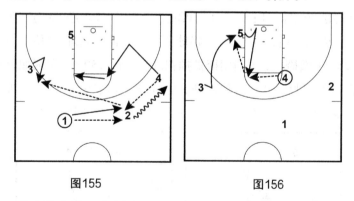

图155　　　　　　　　　　图156

5. UCLA 进攻战术体系高低位进攻战术 2：后卫—前锋战术变化

变化 1：4 来到高位形成 1-3-1 阵型，2 回传球给 1，此时 1 可以将球传给左侧的 3，从而发挥 5 的低位单打能力，但是如果 3 被错位防守了，那么 5 立即提罚球线，1 攻球给 5，3 有可能反跑获得上篮机会。4 和 2 看到 5 提罚球线后，立即向低位分位线移动，2 靠底线与 4 形成定位双掩护，3 溜底利用双掩护可以获

得投篮机会。1传球给5后包过去，与5形成一侧的2对2进攻。（图157）

变化2： 如果1有较强的低位单打能力或者在比赛中有身高优势，那么在发动纵切战术后，1可以在低位直接要球单打，或向篮下切入牵制防守方队员，并给低位的5做掩护。1在单打的过程中注意5和4的掩护机会（图158）。此时形成了2在翼侧的4种传球或者突破的进攻状态。

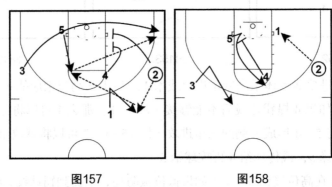

图157   图158

在这个过程中，如果4有低位单打的优势，那么2可以攻球给5，4掩护完转身篮下要位、要球进攻。以为1的低位要球，4和5的防守方队员会进行协防，所以5在高位能轻松要到球，4在低位也有可能获得空当（4种进攻状态的其中之一）。

变化3：完成切入后，4接到球，将球传给3，5低位要球，4传球后切向篮下，如果没机会就给1做掩护，1利用掩护插罚球线（图159）。左侧如果没有出现机会，2立即在弧顶摆脱要球，转移球到右侧进攻，4提罚球线，与2形成一侧的2对2进攻，左侧的5和1下到分位线为3做定位双掩护（图160）。

图159   图160

6.普林斯顿进攻战术体系中锋高位策应战术系列之变化

变化1：当球传给高位策应的5后，无论后卫1采取包切、拉开还是纵切，防守方队员都会收缩并抢在进攻前面收向篮下。3、4或者1如果有一定的篮下单打优势，此时就可以近篮下后转身压住防守方队员篮下要球，5直接攻球给内线单打。

变化2：当执行包切和拉开时，如果前锋3、4既没有反跑直接得分的机会，又没有篮下单打的优势，此时5可以传球给移动到翼侧的1，3或者4给高位的5做背掩护，5利用掩护切向篮下，1可以直接攻球给5上篮得分（图161）；3或者4向外线弹出，也可以接1的传球远投得分（图162）。

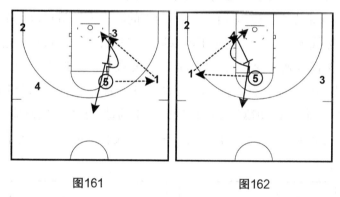

图161　　　　　　　　　图162

同样道理，在执行纵切时，1切向篮下，中锋5持球给任意一翼侧的前锋，1都可以做同样的背掩护。这个变化适用于任何小个队员空切至篮下没有机会的情况。如果球转移到了翼侧，那么小个队员就可以给在高位的中锋队员进行背掩护，中锋队员利用掩护切入篮下获得空当接球直接上篮得分，掩护完的小个队员弹出到三分线可以获得空当远投机会。

变化3：当1把球攻给高位策应的5后，无论是包切还是拉开，根据防守方的情况，前锋3或者4可以选择与1进行无球掩护跑动，获得外线远投机会或突破空当（图164），也可以选择与5形成挡拆配合。

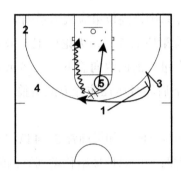

图163

变化4：尽管发动战术时2与5做了行进间的交叉掩护，但有的时候1还是不能够安全地将球传给高位策应的5。因为1的防守方队员可以完全卡住传球给5的路线来破坏战术的发动，这时1可以运球转身直接发动进攻。这个变化被称为"反转"。1直接朝4的方向运球，4假装要做运球手递手掩护，突然反跑向篮下切入（图164）。如果有机会，4接1的传球上篮得分；如果没机会，4溜底，3给4做掩护。2向上移动填补4的位置，接1的球，5给1做侧掩护，1利用掩护弹出可以接2的回传球远投得分（图165），或利用掩护后接球直接突破，或与5进行高位挡拆。

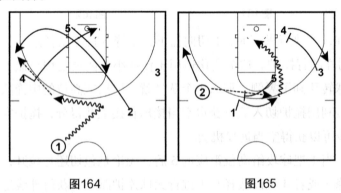

图164   图165

变化5：当对手破坏5的高位策应时，最简单的解决方法就是直接传球到翼侧。1推进到前场后，直接传球给4，2与5进行动态掩护后并不从对角撤出，而是给弱侧的3做一个横向的掩护，当4接球的瞬间，3利用掩护全速直接插入篮下接球，获得空当上篮得分的机会（图166）。在这个战术中，移动的时机非常重要，3 必须在 4 接球的瞬间立即启动。

图166

7. 普林斯顿进攻战术体系中锋低位策应战术系列之变化

当低位策应的 5 被防住，3 接球后不能攻球给低位 5 时，3 有两个选择。

选择 1： 如果 ×2 处在协防位置，那么 3 就可以很容易地快速将球回传给 2。

选择 2： 如果 ×2 也采取错位防守且防得很紧，那么 3 就有很大的空间可以运球突破进攻。

当球回传给弧顶的 2 时，低位被严防的 5 就可以提罚球线牵制防守方队员。2 接球后向另一侧 4 的方向运球，4 做假动作把防守方队员带到外侧后突然反跑切入篮下，如果有机会就接 1 的传球上篮得分。1 向上移动填补 4 的位置，2 传球给 1，5 跟随 2 移动并在此时给 2 做一个侧掩护，2 利用掩护弹出，可以获得 1 的传球进行三分远投或者突破，或者与 5 做中路挡拆掩护配合（同变化 4 中的反转，图 165）。

8. 三角进攻战术体系边路三角战术系列变化

变化 1： 根据防守方的落位布阵，1 传球给 2，2 传球给 4，然后切至强侧底角，5 溜底切至强侧低位。2、4、5 形成边路二角，1 和 3 形成弱侧 2 对 2 进攻。（图 167）

变化 2： 如果后卫 1 没有机会运球到翼侧，那么 3 直接溜底到底角，1 回传球给 2，4 外弹成为新的翼侧前锋。球从强侧转移到弱侧，防守方很难错位破坏，因此 4 可以很轻易地接 2 的传球。5 溜底到强侧低位，3、4、5 形成边路三角。（图 168）

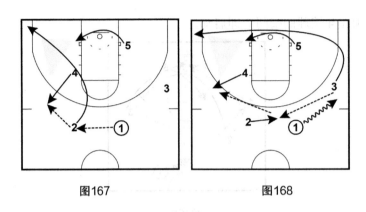

图167　　　　　　　　　　　　图168

9.三角进攻战术体系后卫包切战术系列变化

当5持球既不能攻球给低位的4，又不能回传给1时，可以选择传球给弧顶的2转移进攻，5传球给2后出现3种进攻选择。

选择1：3提高位接2的球，5传完球后利用4的掩护向篮下切入，3攻球给5，5在篮下发挥低位进攻能力（图169）。

选择2：5利用4的掩护向篮下切入，2传球给3后去给4做掩护，4利用掩护插到高位要球投篮，1注意移动，成为第一退守（图170）。

选择3：如果3被错位防守，2假动作传球后，向相反方向突破，与1形成边路手递手掩护配合（图171）。

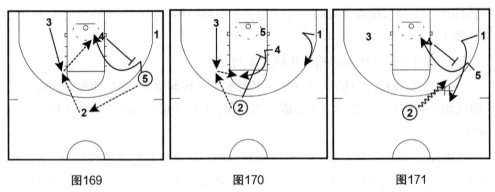

图169　　　　　　　　图170　　　　　　　　图171

10.三角进攻战术体系强侧传切战术系列变化

变化1：如果3不能攻球给5，那么3的第二传可以给弧顶的2，接下来就可以有以下两种选择。

选择 1：3 将球回传给 2 时，1 和 4 在左侧低位形成双掩护，5 溜底利用双掩护获得投篮机会（图 172）。

选择 2：3 将球回传给 2 后，移动到低位。如果 5 的机会没有出现，2 做传球给 5 的假动作，3 上提到高位罚球线接 2 的传球，5 再利用双掩护进入限制区，接 3 的攻球上篮（图 173）。如果 5 没有机会还可以顺势切走，4 可以利用 1 的掩护到限制区获得空当（图 174）。

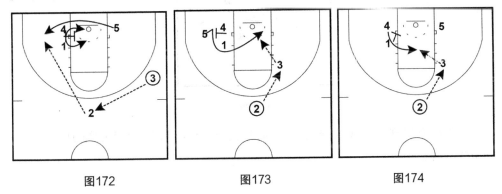

图172　　　　　　　　　　图173　　　　　　　　　　图174

变化 2：第二传给 2 后，1 和 4 在低位形成双掩护，3 利用 5 的掩护和 1 与 4 的双掩护切出，获得外线投篮机会（图 175）。如果 3 切出后没有机会，那么进攻的运行还是可以按照图 173、图 174 所示的方法进行，只是 3 和 5 的位置互换了。

变化 3：第二传给 2 后，1 和 4 在低位形成双掩护，5 先做溜底，后改变方向利用 3 的单人掩护切出，获得空当（图 176）。

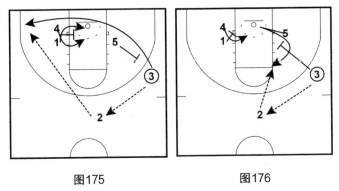

图175　　　　　　　　　　图176

变化4: 如果2被错位防守,那么3可以向弧顶运球,运过中轴线,5在限制区附近要球,可以在一侧形成单打。3传球给5后,向中路切入,在切入的过程中改变速度,给2做行进间掩护。如果5单打不成,2可以包过去与5进行手递手掩护,在左侧形成2对2进攻(图177)。

图177

如果没有出现2和3的交叉掩护的机会,那么4可以利用1的掩护插高位,也能获得机会。